电子商务
网店经营与管理

曹明元 主编　劢文颖　王丹 副主编

清华大学出版社
北京

内容简介

本教材以网上创业开店为线索，全面介绍了网店经营和管理的相关知识，其中既包括开店前的店铺定位、注册开店等准备内容，也包括店铺装饰、商品发布、店铺推广、售后服务、线上线下管理等实战方法与技巧。此外，本书还结合了全新的电子商务实训平台（ECSS 平台）进行项目实训，有助于帮助读者在最短的时间内掌握网店经营管理的方法与技巧，具备实战操作能力。

本书封面贴有清华大学出版社防伪标签，无标签者不得销售。
版权所有，侵权必究。举报：010-62782989，beiqinquan@tup.tsinghua.edu.cn。

图书在版编目(CIP)数据

电子商务：网店经营与管理/曹明元主编. --北京：清华大学出版社，2014（2021.3重印）
ISBN 978-7-302-37435-0

Ⅰ. ①电⋯ Ⅱ. ①曹⋯ Ⅲ. ①电子商务－商业经营－教材 Ⅳ. ①F713.36

中国版本图书馆 CIP 数据核字(2014)第 170782 号

责任编辑：张　莹
封面设计：傅瑞学
责任校对：宋玉莲
责任印制：杨　艳

出版发行：清华大学出版社
网　　址：http://www.tup.com.cn, http://www.wqbook.com
地　　址：北京清华大学学研大厦 A 座
邮　编：100084
社 总 机：010-62770175
邮　购：010-62786544
投稿与读者服务：010-62776969, c-service@tup.tsinghua.edu.cn
质量反馈：010-62772015, zhiliang@tup.tsinghua.edu.cn

印　刷　者：北京富博印刷有限公司
装　订　者：北京市密云县京文制本装订厂
经　　销：全国新华书店
开　　本：185mm×230mm　　印　张：14.75　　字　数：229 千字
版　　次：2014 年 8 月第 1 版　　印　次：2021 年 3 月第 9 次印刷
定　　价：32.00 元

产品编号：060957-02

前　言

电子商务在我国经过近十年的发展，已经扫清了支付、信息基础等障碍，正在改变着人们的生活习惯、经营理念，成为大众所接受甚至追捧的新的经济活动方式。据商务部预计，未来五年电子商务交易额将保持年均 20% 以上的增长速度，2015 年将达到 12 万亿元。在《电子商务发展"十二五"规划》中，对于电子商务的发展目标将有更高的预期。而与"十一五"不同的是，"十二五"期间，电子商务将被列入战略性新兴产业的重要组成部分，作为新一代信息技术的分支将是下一阶段信息化建设的重心。

伴随着电子商务超高速发展，对相关人才的需求也呈现井喷状。据有关数据显示，未来 10 年我国电子商务人才缺口达 200 多万，电子商务人才的普遍匮乏已成为阻碍企业电子商务应用和发展的重要因素。一面是数万亿元的市场需求规模；一面却是巨大的人才缺口。

本教材以创业经营网店的实践工作过程为主要内容，按照项目课程开发思路组织教材内容，将理论知识与任务、项目组织在一起，通过任务来构建学生在学习中需要的理论知识。教材全面介绍并引导学生训练的内容包含：网店的定位、开设网店前期需要做的工作、网店的店面设计创意、网店的经营管理理念及方法等内容，并指导学生进行项目实训，帮助学生具备创业能力与技巧，掌握网店经营管理的职业能力。

编者　2014 年 6 月

目　录

▶ 项目一　网店经营前期准备 ·· 1
　　任务 1　开展前期调研 ··· 2
　　任务 2　确定产品及网店定位 ·· 12
　　任务 3　确定网店经营模式 ·· 22
　　项目实训　为开设儿童玩具网店做前期准备 ···················· 29

▶ 项目二　开设网店 ··· 33
　　任务 1　做好开店前的准备 ·· 35
　　任务 2　建立店铺 ··· 41
　　任务 3　选择商品货源 ··· 47
　　项目实训　开设儿童玩具网店 ······································ 56

▶ 项目三　装饰网络店铺 ·· 61
　　任务 1　商品描述和发布 ··· 63
　　任务 2　设置店铺版面 ··· 81
　　任务 3　制作和发布店铺动态店标 ································· 94
　　任务 4　制作与发布店铺公告 ······································ 105
　　项目实训　装饰儿童玩具网店 ····································· 118

▶ 项目四　网店订单交易管理 ··· 121
　　任务 1　客户订单管理 ·· 122
　　任务 2　网店线上管理 ·· 129
　　任务 3　网店线下管理 ·· 136
　　项目实训　儿童玩具网店交易管理 ······························· 147

项目五 网店推广与营销 ············ 151

任务 1 制订网店推广与营销方案 ············ 153
任务 2 平台内营销策划 ············ 158
任务 3 搜索引擎优化推广 ············ 163
任务 4 论坛及博客营销推广 ············ 169
项目实训 儿童玩具网店营销推广策划 ············ 178

项目六 网店客户服务与管理 ············ 181

任务 1 网店客户服务工具的使用 ············ 182
任务 2 处理客户咨询及投诉 ············ 194
任务 3 积极处理客户评价 ············ 208
任务 4 网店客户关系管理和维护 ············ 217
项目实训 儿童玩具网店客户关系的管理 ············ 225

参考文献 ············ 228

项目一
网店经营前期准备

经营一家网店并不像想象的那么简单,仅开店之前的准备工作就足够复杂。首先,你需要了解市场状况,目前什么行业、什么商品是最有市场的,价格标准如何,哪些客户群体比较有潜力,哪些区域产品市场前景比较大等,这些都是需要通过市场调查才能了解的信息。了解了这些内容后,你还要确定自己具体销售哪些类目的产品,是单独销售一种商品还是同时销售好几种不同的商品,各种商品如何定价,产品和店铺的具体风格如何等,也就是要做好产品与网店的定位,确定自己的网店在电子商务中的位置。确定了这些繁琐的内容后,最后你还要确定自己的店铺通过何种模式获得盈利,是通过自己批发零售还是帮别的网店做分销,或者打算实体店与网店同时销售,抑或做品牌专卖,这些都是需要考虑的问题。

在本项目中,你将学习到以上这些内容,获得如何做好网店经营准备工作的技能,然后才能顺利地开设自己的网店。

本项目需要学习和完成以下任务

▶ 任务1　开展前期调研

▶ 任务2　确定产品与网店定位

▶ 任务3　确定网店经营模式

任务 1　开展前期调研

✪ 任务目标

1. 了解网店开设前期调研的主要步骤和方法；
2. 了解前期调研的主要调研内容；
3. 能利用互联网进行资料搜索；
4. 能对调研获得的资料进行分析和整理；
5. 能独立编写市场调研报告。

✪ 知识储备

随着电子商务的不断发展，个体开网店已经成为一种热潮。我们每天打开淘宝网看到无数精美的商品在进行销售，总是难免被勾起购物的欲望。其实我们这些消费者自己也可以在网上销售商品。但是，网上开店之前我们还有很多工作要做。

案例分享

小灿的烦恼

小灿一直想开一家自己的网店，但是他感觉自己无从下手，毫无头绪。应该开什么店比较赚钱呢？在哪里开比较好？具体卖哪些产品呢？这些最基本的问题他都无法回答。因此他决定咨询一些比较有经验的朋友，这些朋友在各大电子商务平台开设了自己的网店，有的还在好几家电子商务平台开了网店，生意一直不错。在淘宝卖电子产品的小李就是其中之一。

小李介绍，在开网店之前一定要了解市场情况，不能贸然进驻电子商务平台。他在开网店之前就是花了好长时间在网上搜索相关信息，了解到现在各大商务平台电子产品的销售市场都很大,其中京东商城的电子产品最受消费者青睐,但是京东商城支持的是B2C的模式,也就是只有商家才能进驻,要想个人开网店最好还是在淘宝和拍拍网(天猫和京东一样,也只支持公司注册)。通过调研他发现淘宝上卖电子产品的店铺还挺多的,特别是手机和电脑,但是售卖电玩类的商家并不多,而且很多都不提供售后保障,因此他决定开一家以电玩为主导商品的电子产品店铺。通过大力推广,半年下来他的店铺已经发展得相当稳定了。

小灿这才知道,在开店之前最先要做的应该是进行前期调研,了解市场情况,给自己找准方向。

通过这个案例,我们了解到,开网店不能随心所欲、异想天开,要经过周密的调研,获得详细的资料,通过对这些资料的分析和整理我们才能了解到目前的市场状况,从而为后来的网店经营找准方向。因此,本节我们将要学习如何进行网店开设前的市场调研技巧。

一、了解调研的步骤

网店开设前期调研主要有以下四个步骤:

第一步:明确调研问题

这是首先要弄清楚的。一般来说,我们要开设网店,心里的疑问有哪些,哪些就是我们调研的主要问题。例如,一般都会有的问题有:我应该开设一个什么行业的店铺呢?可以销售这个行业的哪些产品呢?目前市场上哪些类似的店铺比较出名呢?在哪个电子商务平台上开店比较好呢?开店的具体步骤和要求有哪些呢?……

第二步:搜集相关资料

确定了调研的主要问题之后,就要开始正式调研了。调研的第一步就是围绕上一步的问题搜集相关资料。

第三步:资料整理和分析

收集了大量的数据和资料之后,这些资料有些是有用的,有些是无用的,有的是需要自己再进行分析的。我们要将所有的资料进行分类整理和深入的分析,得出关键的、有用的信息。

第四步:编写调研报告

调研报告的目的是将所有的信息进行有效的罗列,使其更有逻辑性。同时也要得出调研的主要结论,这些结论就是你前期调研的结果,对你的店铺开设有着非常大的参考价值。

二、查找相关资料

要想了解目前哪些产品在电子商务市场上具有前景,我们就需要大量收集相关的市场信息。这些信息的搜集有很多途径,例如,从各大网站或者媒体杂志上搜索资料、咨询相关人士、进行问卷调研等,但是考虑到客观条件的限制,一般我们很难碰到非常了解市场情况的专业人士去咨询情况,也很难通过个人在大范围内展开问卷调研,因此,最有效的手段就是通过各种媒介搜索资料的方式获得信息。

1. 网络资料搜集

我们可以通过各种搜索引擎来搜索我们想要的资料。目前比较主流的搜索引擎有百度、谷歌等,通过关键字搜索可以轻而易举地获得各种数据和资料。但是我们很难判断哪些资料是有用的、真实的,哪些是过时的、错误的。因此,网络资料的搜集需要我们有去伪存真、辨识真假的能力。

你还知道哪些常用到的搜索引擎呢?你会在搜索引擎中搜索资料吗?

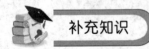

百度高级搜索技巧

1. 输入多个词语搜索

输入多个词语搜索(不同字词之间用一个空格隔开),可以获得更精确的搜索结果。

例如:想了解北京暂住证相关信息,在搜索框中输入 [北京　暂住证]

获得的搜索效果会比输入［北京暂住证］得到的结果更好。

在百度查询时不需要使用符号"AND"或"＋"，百度会在多个以空格隔开的词语之间自动添加"＋"。

百度提供符合您全部查询条件的资料，并把最相关的网页排在前列。

2. 减除无关资料

有时候，排除含有某些词语的资料有利于缩小查询范围。

百度支持"—"功能，用于有目的地删除某些无关网页，但减号之前必须留一个空格。

3. 并行搜索

使用"A/B"来搜索"或者包含词语 A，或者包含词语 B"的网页。

例如：您要查询"图片"或"写真"相关资料，无须分两次查询，只要输入［图片/写真］搜索即可。百度会提供跟"/"前后任何字词相关的资料，并把最相关的网页排在前列。

4. 相关检索

如果您无法确定输入什么词语才能找到满意的资料，可以试用百度相关检索。

您可以先输入一个简单词语搜索，然后，百度搜索引擎会为您提供"其他用户搜索过的相关搜索词语"作参考。

百度高级命令

1. index 命令

在关键词输入框中输入 index of mp3，选择回车搜索，得到了一些网页，不要以为这是一些普通的页面，其实它们是一些 mp3 网站的资源列表，点击打开它来看看，怎么样？是不是所有资源尽收眼底了？

2. Intitle 命令——表示后接的词限制在网页标题范围内

例如，找明星的个人资料页。一般来说，明星资料页的标题，通常是明星的名字，而在页面上，会有"姓名"、"身高"等词语出现。比如找林青霞的个人资料，就可以用"林青霞 姓名 身高"来查询。而由于明星的名字一般在网页标题中出现，因此，更精确的查询方式，可以是"姓名 身高 intitle：林青霞"。

3. site 命令——限制在某一网站内搜索

site 语法把搜索范围局限在这些网站内，以提高搜索效率。

例：网际快车 site:skycn.com

4. filetype 命令对搜索对象的文件类型做限制

冒号后是文档格式，如 PDF、DOC、XLS 等。

很多情况下，我们需要有权威性的信息量大的专业报告或者论文。比如，我们需要了解中国互联网状况，就需要找一个全面的评估报告，而不是某某记者的一篇文章；我们需要对某个学术问题进行深入研究，就需要找这方面的专业论文。找这类资源，除了构建合适的关键词之外，我们还需要了解重要文档在互联网上存在的方式，往往不是网页格式，而是 Office 文档或者 PDF 文档。Office 文档我们都熟悉，PDF 文档也许有的人并不清楚。PDF 文档是 Adobe 公司开发的一种图文混排电子文档格式，能在不同平台上浏览，是电子出版的标准格式之一。多数上市公司的年报，就是用 PDF 制作的。很多公司的产品手册，也以 PDF 格式放在网上。

例：霍金 黑洞 filetype:pdf

5. inur 命令——是限定在 URL 中搜索

URL，全称 Uniform Resource Locator，中文译为"统一资源定位器"，就是地址栏里的内容。

下面都是 URL

http://www.baidu.com/

http://news.sina.com.cn/

使用格式是："inurl:×××"、"inurl:××× 关键词"、"关键词 inurl:×××"（××× 可以是任何字符）

（1）inurl:××× 作用是命令搜索引擎查找 url 中包含×××的网页。例子：inurl:news

（2）"inurl:××× 关键词"或"关键词 inurl:×××"两者意义一样，要搜索引擎查找满足以下两个要求的网页：①url 中包括×××；②网页中含有"关键词"，例子：cnkikw inurl:sanzhiyu.php，网页正文包含"cnkikw"，url 中有"sanzhiyu.php"

通常情况，任何网站的url都不是随意设置的，都经过一番过滤，有一定用意的。很多地方，url链接和网页的内容密切的相关。所以，可以利用这种相关性缩小范围，快速准确地找到所需信息。

另外一种网络资料的搜集方法，也是帮助我们辨识所得资料真假的方法就是到各大电子商务网站去搜索相关产品的信息。例如，到淘宝网去搜索家电产品，并选择相应的排列方式（销售额、销售数量、地区、价格等）都可以获得产品或者行业的基本信息。这样就可以自己判断目前哪些行业的商品是销售非常火的，哪些产品目前供不应求，哪些商品目前已经过剩，哪些区域卖这些产品的店铺比较多（也许是因为这个地区有比较好的货源产地）等信息。

补充知识

淘宝网的导航

大家在淘宝网上开店首先可以通过淘宝网首页的导航定位行业，收集整理淘宝网的各种时尚热销的精品，如淘宝网女装、男装、女鞋、箱包饰品、数码、美容护肤用品等都是近期热门商品，无论从销售额还是从销售数量都名列前茅。这种网站导航的特色是：(1)人工收集淘宝各类店铺，品牌旗舰店、100%好评店、大码男女装店、各类代购店、品牌专卖店、商城店铺等，方便了有各种需求的网友；(2)分类非常的详细，把所有淘友找不到或者不知道怎么找的淘宝店铺及行业都一一罗列出来，一目了然，这样大家会更节省时间，而且还会买到好的商品；(3)很多页面都是淘宝网提供的，图片丰富，展示效果更好，可以方便广大的淘友选择和参考，不用再浪费时间搜索了。

2. 外部资料收集

外部资料指的是除网络之外的资料，这些资料也很多，例如政府机关的统计资料、业界和团体资料以及从新闻和杂志上获得的资料。这些资料往往也是非常可靠的、即时的，可以为我们提供非常有效的参考。

三、整理和分析资料

搜集到大量资料之后,我们就要开始对这些资料进行整理和分析了。这并不是一项简单的工作。需要如下几个步骤。

1. 资料的整理

资料的整理是将获取和存储的信息条理化和有序化地工作,其目的在于提高信息的价值和提取效率。一般来说需要经过以下几个步骤。

第一步:明确信息的来源。就是说我们要对每条资料和信息标注好来源,(例如网址和网站),方便我们后期进行核对。

第二步:浏览信息,添加文件名。对于一些下载和搜索的文件,我们要在浏览后根据其内容为其取一个方便了解内容信息的文件名,这样,我们根据文件名就可以一目了然,知道这个文件的内部信息了。

第三步:信息分类。分类的方法有很多,可以根据专题来进行分类,也可以根据你要了解的每个问题进行分类。例如,可以将这些资料分成:平台介绍、行业分类、产品信息等文件夹。当然在每个一级文件夹下面可以根据进一步的分类来设立二级、三级的文件夹。

第四步:初步筛选。在浏览和分类的过程中,对于那些没有用的或者已经过时的信息可以先删掉。但是有些信息初看可能没什么用,但是结合在一起也许就是有价值的,所以最好在浏览完了所有的文件之后再进行初步筛选。

2. 资料的分析

对于通过各种手段收集来的资料,我们已经进行了整理,接下来就要进行分析了。分析其实就是对信息进行加工,这个过程远远比整理的过程复杂,它往往加入了加工者的智慧。

资料分析的方法主要有两种,即定性分析和定量分析。

(1) 定性分析

定性分析主要是根据分析者以往的经验来确定资料的结论。这个过程一般有比较、归纳、理解、推理、总结等。最终根据现有的资料推理、总结出一些比较有用的信息,供以后的决策做参考。这个过程有时候就像写作文一样。

(2) 定量分析

定量分析较为复杂，它一般需要很多的数据作为分析的基础。且分析的过程是使用分析工具的过程，一般常用的分析工具有 excel、SPSS 等软件。一般比较简单的分析有计算平均数、总和等，比较复杂的有分析离散度、时间序列分析、统计预测等。

在进行定量分析的时候，常常会用到各种图表。图表可以非常形象地表示数据的特征。主要的图表有圆饼图（经常用来描述各种数据所占比重）、柱形图（表现各数据的大小与变动）、线性图（也可表现数据的大小和变动）等，例如下面的几张图表。

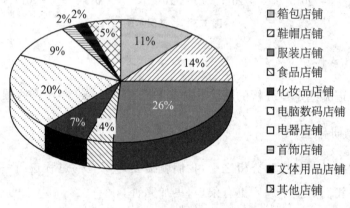

图 1-1　圆饼图示例

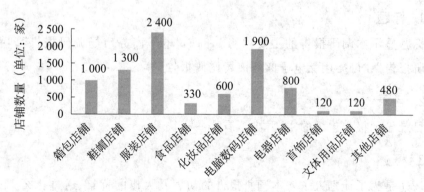

图 1-2　柱形图示例

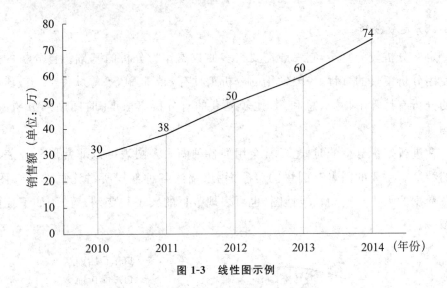

图 1-3　线性图示例

课堂讨论

你还知道哪些定量分析的图表？你会自己使用 excel 制作这些图表吗？

四、编写调研报告

在对数据进行整理和分析之后，我们就需要对所有的过程进行一个总结性的汇报。使得我们的整个调研更有条理，更加完善。

严格地说，调研报告是有一定的格式和结构的，一般的格式如下。

1. 标题

标题显示本调研报告的主要内容。例如"电子商务市场调研报告"、"手机市场调研报告"、"母婴用品电子商务市场调研报告"等。

2. 目录

目录显示报告包含的主要内容，有哪些模块等。

3. 概述

概述是为了让别人了解本调研报告的初衷及大概的背景、通过什么方式获得哪些重要的结果等。

4. 调研报告正文

调研报告的正文是报告的主体。主要包含了背景介绍、调查的主要内容、问题阐述、原因介绍、分析结果及建议等。

5. 附录

附录是对报告正文的补充说明。如相关的调查问卷、背景材料等。

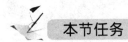
本节任务

根据下面的背景,自己设定调研的问题,然后在搜索相关资料,并整理分析,得到一篇简单的调研报告。要求问题不少于3个,调研报告必须符合格式要求。

小王一直想在淘宝中开一家自己的鞋店。但是他不知道现在淘宝中的鞋店是不是很赚钱。他想了解一下淘宝鞋店的情况,也想知道哪些鞋子是最赚钱的。于是他开始了开设网店的前期调研。

课后思考与练习

1. 名词解释

定性分析　定量分析　问卷调查　搜索引擎

2. 简答题

(1)你知道资料的收集有哪些方法吗？请简述。

(2)你知道调研报告的一般结构是什么样的吗？请简述。

任务 2　确定产品及网店定位

☼ 任务目标

1. 了解产品定位的含义及内容；
2. 了解网店定位的含义和内容；
3. 能够根据市场情况选择合适的产品定位；
4. 能够根据市场情况选择合适的网店定位。

☼ 知识储备

不管你想开一家什么网店，首先你得先弄清楚自己应该把这些商品卖给谁？怎么卖？你是要卖和别人一样的商品，还是买与众不同的商品？这些看似简单的问题其实关系到整个店铺的发展和命运。

案例分享

A 店的转型

A 店 2011 年进入淘宝，当初店主决定卖服装，包括各种年龄段的各种风格的服装，同时也卖一些装饰品，包括腰带、帽子、手链等，但是这样的杂货服装铺的销售形式并没有使他获得成功。短短半年，亏损了近 20 万。为了扭转局面，店主决定重新定位自己的产品市场。经过两个月的调查，店主发现淘宝市场上各种风格的、年龄段的服装都有人专门销售，自己的店铺根本无法快速抢占他们的市场，但是目前专门针对肥胖职业女性的店铺在网上很少见，于是店主当机立断，转型做大码职业女装，同时也销售大码职业女装配套的配饰，想不到短短三个月，销售量直线上升，最终成为黄钻卖家。

该店主能够及时给自己的服装店的产品做好市场定位，确定差异化的定位模式,将受众人群由所有女性人群缩小为肥胖职业女性人群。这种对市场的逐步细分不仅没有使消费群体受限,反而逐渐培养了自己的忠实客户,这就是市场定位做得好的案例。

通过上面的案例,我们了解到在网上开店之前是要做好各种产品的市场定位和店铺定位的。本节任务中,我们将会学习以下这些知识和技能。

一、确定产品市场定位

电子商务的市场是巨大的,很多店铺及产品推出之后基本很快淹没在浩瀚的电子商务市场的海洋中。例如,你开了一家淘宝鞋店,专门卖真皮女鞋,但是消费者到网上买皮鞋的时候基本不会注意到你的鞋店和鞋子,因为,在她心中,你是陌生的,他首先想到的不是你的产品,而是搜索百丽、达芙妮等女鞋品牌,这些店铺和产品是专门卖真皮女鞋的,这已经在她的心中形成了一种定位。

如果你也可以给自己的产品和店铺一个准确的定位,使消费者在购买某种产品的时候能够迅速地想到你的店铺和产品,那么你的产品就不愁销售了。就像你作为消费者买精油就会想到阿芙,买打火机就会想到Zippo,买时尚民族服饰就会想到裂帛,买书就会想到当当网一样。是的,精准的定位可以使你快速而准确地占领市场,确定自己的位置,这就是正确定位的效果。

简单说,定位就是确定自己的产品是什么、有什么特色、要卖给什么样的消费者、如何快速让消费者记住自己的店铺和产品等一系列问题。对于一个准备进军电子商务市场的店家来说,定位是多方面的,包括产品市场定位和店铺定位。

做好产品市场定位是最为关键的内容。什么是产品市场定位?产品市场定位就是在网上开店之前店主得确定自己卖什么。产品有很多属性,包括行业、类型、规格、风格、来源等,根据这些属性,可以将市场定位进行更为详细的区分。产品定位主要有大众化定位、差异化定位、细分化定位。

1. 大众化定位

大众化定位是目前电子商务中最常见的一种形式,主要的表现形式有四种:人卖亦卖、红海聚集、杂货类型、追踪爆款。

案例分享

大众化定位的案例

案例 A：小凤的网店是专门销售家具的，主要是客厅和卧室的家具，以田园风为主，这些家具与网上其他家具店销售的家具并没有太大的区别，基本上都是从一些家具商城进的货。她的销售额还不错，主要是因为她的促销活动做得比较好，基本上每个月她都要选择一至两款家具作为促销产品来推动销售。

案例 B：小金有一家自己的实体化妆品店，她发现化妆品市场还是一个有很大潜力的市场，因为现在不管男女老少都很注重保养，因此为了获得这片市场上的巨大利润，她决定在天猫上再开一家化妆品店，这样线上、线下一起销售，应该可以获得更大的发展空间。

案例 C：小路很早之前就在淘宝上开了一家服装店，原来这家店只销售女装，后来他发现生意不错就又开始拓展产品到男装，后来又添加了内衣、裤袜等产品，现在他的店里只要是服装类的产品，基本上全都有，每个月他的库存都堆得满满的。进货对他来说越来越麻烦。到最后，他发现由于自己精力有限，根本无法对每一种产品都了如指掌，导致销售额比最初还有所下降，所以他决定慢慢减少产品种类。

案例 D：小齐有一家专门销售袜子的淘宝店，生意一直平平。最近他发现有一款瘦身袜子在网上卖的很火，于是他决定大张旗鼓宣传这种袜子，一下子联系了好几家生产这种袜子的厂家进行推广销售。现在只要在网上搜索这种袜子，前三名一定有他们家的产品。

上面的四个案例分别代表了一种定位方式。

案例 A 中体现的是一种人卖亦卖的定位形式。对于那些销售 3G 数码、家居、配饰等一些在设计上无法快速更新换代的产品的店铺来说，这种方式是很好的选择。另外如果采取分销、一件代发的形式进行销售的话也可以采取这种定位。

案例 B 体现的是红海聚集的定位形式。它是指大多数卖家都在一个很大的市场上聚集形成集中竞争，寻找蛰伏。例如女装、化妆品、家居家纺等类目，这些市场的份额很大,有足够的动力驱动商家进入。

案例C体现的是杂货类型的定位形式。这样的商家普遍出现两种情况,一种是先天的,如前面的两点人卖亦卖和红海聚集,导致了很多的卖家店铺最终成为一个杂货类型的店铺,产品线很长,没有重点突出的产品。这样的店铺共同面临的一个突出的问题就是资金周转率低,即库存量大。另一种是后天造成的,如一个卖化妆品的店铺,初始只有3种主打商品,后期感觉销售不错又追加了5种产品。本来销量还是很好的,店铺销售额呈现月度递增的趋势,但是随着顾客需求的不断增加,店主为了追求短期的盈利和业绩,最终导致店内的产品线达到了上百款。可以说,这是不理智的选择。有时候得到的越多,反而失去的越多。

案例D体现的是追踪爆款的定位形式。这些店铺的商家对热卖品的嗅觉敏锐度处于行业的前端。但是由于爆款往往只有在发展期或者成熟期才能被捕捉到,所以这类卖家会持续到爆款的衰退期。生命力短暂和后续产品良莠不齐是这类商家的通病。一旦对爆款的把握不准确或者对于渠道的依赖性发生崩盘,往往就失去了核心竞争力。

2. 差异化定位

很明显,与大众化定位相区别的差异化定位是指通过各种方式使自己的产品与众不同,与别人的产品形成差异。差异化主要可以体现在三个方面,包括受众人群的差异、产品理念的差异以及产品风格的差异。

(1)受众人群的差异化

受众人群的差异很好理解,即是指产品的销售人群与众不同。例如前面导入案例中大码职业女装的对应受众人群就是肥胖的职业女性。虽然将产品的销售对象限定在这个狭小的范围内很可能会导致自己流失掉很多其他的客户群体,但是这却能使自己增加更多的限定群体以及忠实客户。

一般来说,受众人群可以从年龄、性别、职业、风格等方面来进行区分,年龄一般分为婴幼儿、儿童、青年、中年和老年,性别可以分为男性、女性及中性,职业可以分为偏低收入职业、白领职业及金领职业,另外每个人的风格不同,分类也是多样的,例如可以分为质朴风格、时髦风格、运动风格等。

今后这种受众人群的差异化定位形式将更加明显,会有越来越多的商家选择这种形式。

图 1-4　受众人群的差异化

(2) 产品理念的差异

看似一样的产品,由于卖家推出的产品理念不一样,也会有不一样的销售效果。所以,在开设店铺前,最好能够确定自己的产品理念。理念代表的是一种文化。例如,同样是销售坚果,有的店家推出的是"新鲜"的产品理念,有店铺推出的是"实惠"的产品理念。相比之下,这两种理念的推出能够使自己各自抢占一部分市场。对于那些对坚果质量要求比较高的客户来说,一定会选择"新鲜"理念的店铺,对于那些想要物美价廉、性价比高的产品客户来说,自然会选择"实惠"的店铺。

图 1-5　产品理念差异化

(3) 产品风格的差异

产品的风格差异是非常能够被客户很快识别的一个差异。相信你每每进入一家店铺,通过简单地浏览店内的商品你就能够很快了解到这家店铺的产品风格,当然这只是限于那些有自己产品风格的店铺。例如,你想要买一件短袖 T 恤衫,然而遇到的一个问题是,网上卖这种产品的店铺太多了,那些商品看都看不过来。但是有些商品的风格一看就是与众不同的,会很快地吸引你的眼球。相信你肯定会很快在浩瀚的产品列表中找到"裂帛"的短袖 T 恤衫,也可以很快地找到韩都衣舍的短袖T恤衫,这两家的服装差异实在太大了。"裂帛"的服装主要以中国风的风格为主,而韩都衣舍的服装主要是以韩国潮流风格为主。可见,产品风格的差异也是可以很快地帮助商家在电子商务市场中获得一席之地的。

图1-6　产品风格差异化

课堂讨论

你还能在各购物网站找到一些别具风格的店铺吗?试着找一两家说一说这些店铺的风格是怎样的。

3. 细分化定位

通过浏览各种店铺的产品,相信你也能够了解到有的店铺的产品类别很细,有的店铺的产品类别很广。例如,有些专门卖食品的店铺,会卖各种各样的食品。而有些只卖某一种食品,例如专门卖各种枣,还有的更细,专门卖新疆和田玉枣。这种不断细分的产品行业定位就是细分化产品定位。

任何一种产品都是属于某一种行业的,行业又可以不断进行细分。要根据对自己产品的行业细分化的定位来销售自己的产品。并不是说行业定位越细越好,这种定位需要非常细致地了解市场,开展市场调研,同时也要结合自己的进货渠道。如果你的进货渠道受到限制,那么你想开展广泛的行业定位也是不可能的。

图 1-7 精细化定位

二、店铺定位

店铺定位是另一种比较重要的定位内容,大致可以分为平台定位、风格定位和价格定位。

(1)平台定位

平台定位就是确定自己要在哪个电子商务平台上开店。目前,比较流行的电子商务平台有淘宝网、天猫商城、京东商城、当当网、卓越亚马逊等,这些电子商务平台属于综合性的商务平台;另外还有一些在某领域比较专业性的商务平台,例如聚美优品(化妆品领域)、苏宁易购(家电领域)、优购网鞋城(鞋领域)等。如果根据卖家是个人店铺还是商家店铺以及客户是个人还是商家来区分的话,电子商务平台可以分为 B2C(商家销售给个人)平台、C2C(个人销售给个人)平台、B2B(商家销售给商家)平台以及综合性平台。我们最常接触到的淘宝网应该算是综合性的电子商务平台,因为它不仅可以接受个人开店,也可以接受商家开店。但是天猫商城和京东商城严格来说是一种 B2C 平台,因为他们只接受有营业执照的商家入驻。

目前作为个人开店,我们首选的是淘宝网(阿里巴巴旗下的购物网站)和拍拍网(腾讯旗下购物网站)。

课 堂 讨 论

你还知道哪些电子商务平台?试着说一说它们是哪种类型的平台?

(2) 风格定位

选好平台开店之后,我们要确定自己的店铺是走何种风格路线。一般来说,店铺风格一般包括行业风格、品牌风格、文化风格、实用功能以及其他风格。

1.行业风格	•多出现在大的类目的特定风格
2.品牌风格	•注重在各个环节推广自己的品牌,形成独有的风格体系
3.文化风格	•传达一种文化理念,一种理想状态或者情感
4.实用风格	•主打实用产品,突出产品的优势和功能
5.其他风格	•除了以上四种之外的其他风格,例如一些批发代理的店铺主打的是价格优势

图 1-8 店铺的风格定位

如果你想你的店铺在某一大行业独占鳌头,那么你可以定位自己的店铺为这种行业风格,不断在推广中推出自己的行业优势,这样消费者在购买这种行业的产品的时候就会首先考虑你的店铺。

如果客户在购买某种产品时不自觉地想起你的品牌,那么恭喜你,你的品牌定位获得了成功。例如,我想买民族服饰,自然首先想到"裂帛"这个品牌。

如果想吸引一些和你有着共同的理想或者情感的消费者来你的店铺购买产品,那么可以打文化风格的牌子。例如,有一家淘宝服装店叫作"天使之城",店主小A将店铺的风格定位成一种旅行文化风。她自己当模特,穿着店里的每一件衣服在世界各地不同的地方旅游,拍照。这种小清新的情感表达会勾起很多人对自由和浪漫的向往,自然就会记住她的店铺。

如果没有时间和精力去宣传自己的品牌和风格,那么也可以走实用风格。这种风格也是很常见的,那些售卖数码产品、家居、五金建材等产品的卖家一般来说都以这种风格为主。

还有一些店铺,他们没有自己的风格,只是单纯地通过不断搞各种促销活动来推广自己的店铺,"性价比高"也是他们的风格。

(3) 价格定位

价格定位很好理解,通过网购经验我们可以发现,无论在哪种购物网站,相同或者类似的产品在不同的店铺的价格多少都是有些区别的。有的店铺走的是高端路线,他们在意质量、服务和包装,于是价格定位就高一些;有些店铺走的是平民化路线,店里的产品定价普遍较低,但是质量和售后就不一定有保障了;还有一些店铺,他们为了在某段时间内抢占市场,会选择亏本销售或者无利润销售,价格为市场最低价。应该说,每个商家在给自己的产品进行定价的时候都会考虑以下几个因素:

① 产品成本:成本越高当然价格就会定得高一些。

② 竞争对手的定价:如果市场上已经有同类的产品进行销售的话,那么定价就要考虑对手的价格;如果你的产品是市场上绝无仅有的,那么定价就相对显得容易一些。

③ 店铺的客户群体:如果店铺在一开始的定位就是高端消费群体,那么较低的价格反而不利于你的销售。

④ 促销活动或者节日:如果在一些特殊的时间进行促销活动的话,价格就会有比较大的波动。例如,天猫的双十二活动。

⑤ 进货渠道:如果有很好的进货渠道,那么商品的价格就比其他的店铺具有优势。

不管是考虑何种因素,店铺的整体价格定位应该是比较固定的,如果说即销售高端的商品又销售低端的商品,那么将导致客户的疑惑,很难留住忠实客户。

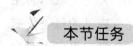
本节任务

任务一 完成下面的练习

下面的案例各展示了什么定位内容?

1. 小路准备开一家化妆品网店,但是考虑到现在化妆品店很多,他决定只做孕妇化妆品店,这些化妆品的特色是清爽、温和无刺激,专门针对那些怀孕的或者哺乳期的女性来进行销售。

2. 小贝准备开一家进口零食网店,他想让自己的零食店与众不同。于是他决定在推广的时候重点突出产品的某一个特色,他选择了"时尚"。

3. 小江准备开一家儿童家具店,考虑到现在的儿童家具千篇一律,于是他将自己的产品都设计成童话城堡的风格,儿童床、儿童椅、儿童书柜、衣柜等无不体现出童话的感觉,这使得他的店铺推广起来非常成功。

任务二　请为小鱼设计一个好的产品定位

背景:小鱼开了一家淘宝箱包店,店里的产品五花八门,包括各种风格的和年龄段的手提包、肩包以及钱包和旅行箱。她的店名叫作"美少女的包包"。但是她的生意并不是很好,一个月的销售量只有不到一百件。

你有什么好的方法帮助小鱼重新定位自己的产品吗?

课后思考与练习

1. 名词解释

产品定位　市场细分　差异化定位　大众化定位　店铺定位

2. 简答题

对于电子商务来说,网店定位分为哪些方面?产品定位又分为哪些方面?

任务 3　确定网店经营模式

☼ 任务目标

1. 了解网店经营模式的含义和分类；
2. 了解各种网店经营模式的特点；
3. 能够根据自己的实际情况选择合适的经营模式。

☼ 知识储备

网上店铺有很多种经营模式。有的店铺是通过线上、线下同时开店来获得盈利，有的是通过在本地批发特产在网上销售来获得盈利，还有的是售卖一些虚拟的产品获利。

案例分享

不同的网店经营模式

小路有一家自己的服装店，但是他又想在网上开一家服装店同时销售。经过多方调查准备，他在天猫商城上开了一家潮流服装店。线上、线下同时销售，生意很红火。

小钱家住黄山，他发现周围很多的人都在网上开店售卖毛尖茶叶。经过调查他发现南方人很多都喜欢黄山毛尖茶的清香，那些到黄山旅游的游客每次都会购买很多茶叶回家，但是大多数人是无法长途跋涉到黄山来购买的。他发现了这个可喜的网上市场，于是他准备在网上开一家以售卖黄山特产为主的网店，产品以黄山毛尖茶为主。

小于很喜欢玩游戏，他发现和他一样的喜欢玩游戏的人很多。这些人很多都想要购买游戏币，但是总是苦于没有购买途径。于是他萌生了一个在网上开店售卖游戏币的想法。没想到，自己一边玩游戏还可以一边赚钱。

在各大购物网站随便逛逛,你能够轻易地找到那些成功的卖家,他们都选择了各种不同的店铺经营模式。店铺经营模式实际上就是卖家的商业模式,选对了适合自己的商业模式就成功了一半。

基本上,目前网店的经营模式有以下 8 种:批发零售模式、专卖店模式、分销模式、特产模式、专业产品模式、实体店网店模式、虚拟产品模式以及超市经营模式。

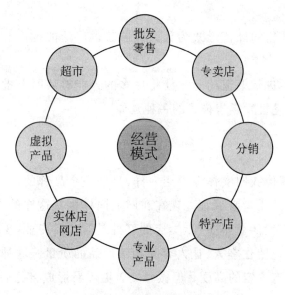

图 1-9　网店经营模式

一、批发零售模式

这是最为经典的传统网店经营模式。比如,去服装市场或工厂以低价批发一定量的韩版夏装,然后通过淘宝店以零售的价格出售,赚取的是批发和零售之间的差价。这时需要一间仓库或你家的阁楼去库存这些服装,这也是问题之所在。在这种情况下除了考虑场地以外,还要考虑产品和资金的积压问题。

目前大量个体开店的卖家都选择了这种经营模式。一般来说它适合以下人群:生活在一线城市的年轻人,比如广州、深圳、上海、温州等,这些城市有很多各种类型的大型批发市场和工厂,比如深圳华侨城的数码市场,义乌的小商品市场,广州白马服装市场,汕头的玩具厂等;对于那些新加入网络营销的人,这也是一个首选的经营模式。

这种经营模式可行性一般,因为店主需要仓库,需要稳定的进货渠道。关于成本方面,很显然店主还需要有一定资金的投入和周转。由于购物网站有大量的买家,这种零售模式能够让商家有可观的利润。但是,由于同时存在着大量的同类产品,商家也面临着巨大的竞争。

你觉得批发零售的经营形式为什么能够获得广泛的推广和普及?这种经营模式有什么特点?

阿里巴巴网上进货渠道的建立使得更多的人能够从网上批发产品到淘宝上零售,这种模式也是批发零售模式的一种延伸。

二、专卖店模式

专卖店模式就像我们实体专卖店一样,只做一个品牌的产品系列,不但专业性强,而且所有产品质量有保证。现在在网上同样也有这样的专卖店,比如说在淘宝商城这样的专卖店就不少,专卖店的好处是对产品专业,更容易形成自己的品牌效应,能更好地留住客人,让人容易相信产品的质量。这种专卖店需要品牌授权,要求门槛也有一定的高度。但做专卖店更容易形成自己店的个性化以及跟其他店的差异化。

图 1-10 专卖店模式

三、分销模式

成功的网店卖家需要扩大经营,寻找分销商就是一个非常有效的方式。比如,小齐以前就在淘宝网上卖包包,产品都是从广州鞋包市场批发的,年初她搬迁至内地,为了继续经营网店,她就在淘宝上找了一家做品牌包包的皇冠店铺分销他们的产品。

目前,有越来越多的人在选择这种模式。对于那些已经在购物网站有一定经验和信誉的卖家可以选择这种模式。由于这种店只是分店,产品推广、商品文案等大量前期工作都是主店或供应商完成的,卖家可以专注于做店铺的推广和促销活动。所以,对于那些没有太多业余时间的兼职卖家,这是一个不错的店铺经营模式。这种模式可行性高,不需要仓库,不需要发货,有稳定的货源。由于不需要库存,成本相对是比较低的。但是,分销是有压力的。往往供应商会要求你有一定量的出货,而出货的量和进货价格是挂钩的。所以如果你没有达到供应商的要求,有可能会被取消分销的权利;另外,卖家除了面临行业竞争以外,还要和供应商的店铺竞争,因为他们有更高的成交量和信誉等级。

四、特产模式

新疆人能够在网上卖什么?答案就是干货!这就是特产模式。利用当地特产在购物网站上销售,能够吸引很多忠实的买家。只有部分人才能选择特产作为经营模式。比如,武汉的鸭脖子、安溪的铁观音、宁夏的枸杞、杭州的丝绸等。如果你生活在这些以某种特产闻名的城市,不妨把你们那里的特产放到网上卖。

这种模式对于大多数人可行性不高。它需要稳定的货源,需要有竞争性的价格,需要一定的仓储能力。经营这样的特产店,可以说成功率非常高。目前在网上卖西部干货的网店,很多都已经是皇冠店铺了,由于这些特产由原产地通过淘宝店销售到全国各地,这中间可以赚取相当不错的利润。

图 1-11 特产经营模式

你认为特产模式最大的限制要求是什么?

五、专业产品模式

如果你是无线电爱好者,或者你喜欢搞收藏,或者你是摄影发烧友,你不妨去网上开一家专业产品店,比如无线电、航模、收藏品和摄影器材等。由于你是某方面的专家,通过网络,你可以和爱好相同的人交流和交易。例如小张是一个工程师,他在淘宝网开了一家工具店,这可不是一般的工具,市场上很难买到,都是些稀奇古怪的工具,因此他获得了很好的收益。

这种模式只适合那些发烧友或某个行业的专家。如果你喜欢数码产品,比如各种PDA、单反相机等,把这些东西拿到网上和一些和你有相同爱好的人交流,即可以增加这方面的知识,又可以顺便成就生意。

成本依赖于卖家的爱好领域,比如某些收藏品就非常贵。当然,发烧友通常不计较成本。利润当然很不错,所谓物以稀为贵。这样的经营模式成功的概率也是很高的。

图1-12 专业产品模式

六、实体店网店模式

如果你已经有一家实体店,那么去淘宝网开一家网店就再容易不过了,你只需要学习网上交易方面的知识就可以了。比如,你在北京拥有一家服装店铺,由于夏季即将过去,还有部分夏装积压在仓库,这个时候网店发挥作用,因为南方的气温还很高,那些区域的买家仍然有购买夏装的需求。

这种模式当然只适合那些已经拥有实体店的商家。通过网络营销能够降低库存,拓宽区域市场,从而驱动产品的销售量。网店的成本显然应该低于实体店,基于实体店的操作经验,在淘宝网很容易成功地销售自己的产品。

七、虚拟产品模式

淘宝网有很多虚拟产品店铺,比如QQ币、充值服务、软件等,这些产品不需要发货、快递。很容易在短期内做到一定的成交量和信誉等级。一般来说这种模式适合那些在校的学生。因为它进入门槛低，成本低，店铺容易打理。但是由于很多电子商务平台对于这类店铺有很多限制，比如很多推广活动都明确不让这类店铺参加。所以，这种经验模式也很难获取较好的利润。

图1-13　虚拟产品模式

八、超市经营模式

在网上也可跟我们实体店一样开一家超市型的网店，就像实体商场一样，什么产品都有，但比杂货店的消费及档次应高一些。这种模式的店铺的产品种类覆盖面较广，什么好卖，就可以卖什么，目的就是跟进网络新时尚的需要，不断更新产品种类，永远做贴近人气产品。这种模式的弱点就是，投资较大及不方便产品管理，整体感觉会显得杂乱，而且店铺要有一定的规模才能运营。好处就是买家只要费一次邮费就可以买到想要的很多种类的产品，不需要因为购买几件不同的产品找几家店，付多次邮费。

图1-14　超市经营模式

你能在各电子商务平台找到超市经营模式的案例吗？试着举例说说。

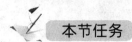

任务一　完成下面的练习

下面的案例各展示了什么经营模式的内容？

1. 店主程程很喜欢收藏邮票,于是他专门在网上开了一家邮票专卖店。

2. 西西很想开一家箱包网店,但是他又没时间去做网店的宣传和推广,于是他就与一家比较大的箱包网店合作,帮助他们销售他们的箱包。

3. 店主琪琪家住在北京动物园服装批发市场附近,她觉得这是一个很好的进货渠道,于是他就在网上开了一家服装店,衣服不贵,但是由于进货方便、成本也低他仍然获利丰厚。

任务二　请为萧萧设想几个比较合适的网店经营模式

背景:萧萧家住在一个县城,他们县城生产毛竹,附近有很多的竹制品加工厂。萧萧一直很喜欢收藏竹制工艺品,家里有很多的竹制工艺品了。于是她想在网上开一家竹制工艺品相关的网店,向全国的消费者推广家乡的竹制品以及自己的收藏品。

你能帮助萧萧设计至少三个合适的网店经营模式吗?简单陈述每种模式的内容。

课后思考与练习

1. 名词解释

网店经营模式　专业化模式　分销模式　专业产品模式

2. 判断题

(1)专业化网店经营模式不适合一般的大众经营者。(　　)

(2)虚拟产品网店经营模式很难获得成功。(　　)

(3)特产经营模式最关键的是要有良好的特产进货渠道。(　　)

(4)实体店经营模式是目前最广泛的网店经营模式。(　　)

项目实训 为开设儿童玩具网店做前期准备

☼ 实训目标

通过本次实训,能够达到以下目标:

1. 进行网店的前期调研,了解网店行业的市场情况,并能够根据调研资料撰写调研报告;

2. 能够根据调研结果选择合适的产品和店铺定位;

3. 能够根据调研结果确定合适的网店经营模式。

☼ 项目背景

你叫王凯,刚从职业院校毕业,从事几个工作后都觉得不尽如人意,于是你产生了自己创业的想法。但是由于你没有足够的资金去租店面,所以准备开一家网店。由于你很喜欢研究儿童玩具,也认识几家做玩具的朋友,所以你打算开一家儿童玩具的网店。你觉得开网店有很多种形式,但是你并不了解目前的电子商务玩具市场,你不知道自己该怎么去开始。所以你打算自己设定一些调研问题,准备自己对这个市场进行调研,并整理成调研报告。主要调研信息如下:

- 你的调研报告名称:儿童玩具网络市场调研
- 你的调研报告主要想了解的问题:
  ① 目前网上有哪些较成功的售卖儿童玩具的店铺?
  ② 目前儿童玩具有哪些类型?
  ③ 哪些类型的儿童玩具比较受欢迎?
- 你的调研报告的主要调研形式:网上资料搜集和整理。

☼ 实训任务

1. 进行儿童玩具网店的前期调研，了解该行业的市场情况，设计不少于五个问题；
2. 根据调研资料撰写调研报告；
3. 根据调研结果选择合适的产品和店铺定位；
4. 根据调研结果确定合适的网店经营模式。

☼ 实训安排

1. 分组，每三人为一个小组。
2. 每小组组员合作设计不少于五个调研问题，并上网搜索资料。
3. 每个人对搜索到的资料进行整理和分析。
4. 每个小组合作编写一份调研报告。
5. 在调研报告的结尾要给出网店经营的建议，包括确定自己的定位以及经营模式。
6. 每两个小组在完成任务的过程中相互观察，最后互换调研报告，进行评分。注意在评分的过程中不要向对方小组泄露每项分数。
7. 小组拿到自己的评估结果之后，看看自己存在哪些不足，哪些是自己认可的，哪些是不认可的。对于那些不认可的地方要与对方小组进行沟通讨论。
8. 教师评选出最优秀的小组进行结果展示。

☼ 实训评估

实训日期			观察小组人员		实训小组人员	
项目		考核指标	评分			得分
专业技巧考评	调研问题设计	数量符合要求	10分/8分/6分/3分/0分			
		问题合理	10分/8分/6分/3分/0分			
		问题之间符合逻辑	10分/8分/6分/3分/0分			
	调研资料收集	收集的内容符合实际	10分/8分/6分/3分/0分			
		收集的方法正确	10分/8分/6分/3分/0分			
		收集方法多样	10分/8分/6分/3分/0分			
	资料整理和分析	资料整理过程规范	10分/8分/6分/3分/0分			
		资料分类正确	10分/8分/6分/3分/0分			
		资料分析合理	10分/8分/6分/3分/0分			
	调研报告编写	格式正确	10分/8分/6分/3分/0分			
		内容合理	10分/8分/6分/3分/0分			
	定位选择	产品市场定位正确	10分/8分/6分/3分/0分			
		店铺定位准确	10分/8分/6分/3分/0分			
	经营模式选择	经营模式选择正确	10分/8分/6分/3分/0分			
态度考评		态度良好	0分/8分/6分/3分/0分			
		分工合理明确	0分/8分/6分/3分/0分			
说　明				总分		
通过观察,在表格中的下拉单中进行选择 　10分表示非常合格/ 8分表示合格/ 6分表示一般/ 3分表示不合格/ 0分表示非常不合格。满分10分,6分及格。 　在右边的"有待改进之处"填写详细的信息。				有待改进之处		

☼ 本项目知识回顾

本项目中我们主要学习了如何做好网店经营的前期准备工作的相关内容,包括如何做好前期调研,制作调研报告,如何确定产品和店铺的定位以及如何选择网店的经营模式。

在本项目中,做好前期调研,编写调研报告是一个重要的学习任务。任何网店的开设都不是突然的异想天开,都要建立在真实的市场环境基础上。因此,了解市场环境,获得行业和产品市场状况是非常重要的。对市场的调研可以使网店经营者养成敏锐的市场洞察力,在今后的网店经营过程中者仍然是一个持续的重要的工作内容。调研报告的格式也是一个必须要掌握的技能。

另外为自己的产品和店铺做好定位,选择合适的经营模式也是网店经营必不可少的前期工作。这些可以保证你在后期的经营过程中有的放矢,更好地保障产品的宣传和销售。

通过本项目的学习,你有哪些心得体会?

_____

_____

_____

_____

_____

项目二
开设网店

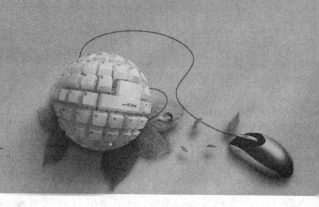

　　电子商务已经成为人们普遍关注的一个创业领域,在这个领域中,有着非常广阔的前景与商机。当电子商务进入规模化发展的时代,作为一种门槛较低的创业模式,开网店成为了众多年轻人首选的创业方式。但是在开网店之前,如何做到不盲目地建店,如何做好充分的准备,如何将网店在一开始就进行规范和定位,这是任何一个开网店的创业者都需要思考的。

　　在第一次电子商务领域的创业高潮中,淘宝店铺成为了电子商务发展中的第一波浪潮,随着电子商务时代的快速发展,新的电子商务创业模式也逐渐兴起,网店也逐渐需要规范,需要新的营销思维,需要创新的商业模式。在新一轮的电子商务发展中,电商创业发展方向如下。

　　1. 给传统品牌做网上销售的分销商。因为现在很多企业没有自己的网络销售,但他们同样认识到了网络在销售中的重要作用,因此要更多地发现这个商机,引起人们关注,这也是中国电子商务最有利可图的好方法。

　　2. 帮助传统实体店建立网上店铺。未来大部分店面无论是连锁店还是个人的小店,实体店也要结合网店来进行销售,所以这是帮助传统网店进行网上销售的好商机。

　　3. 外包传统企业的淘宝旗舰店。现在对于传统企业来说,最关心的是该怎么来做好这个电子商务领域,而不再是考虑要不要做的问题,因此这也将是一个很好的发展机会。加上很多传统企业没有能力来做这个,所以接包传统旗舰店的网上电商业务是一个很好的创业机会。

既然在电子商务领域创业成功的可能性很大,很有发展和尝试的空间,且成本低投资低,那么作为在校生特别是电子商务专业的学生应该怎么样去准备网上创业呢?创业开店之前需要做哪些物质准备呢?准备好了之后又如何去按照一定的规则和流程去开设网店呢?那么带着这些问题我们开始本项目的学习和训练。

本项目需要学习和完成以下任务。

▶ 任务1　做好开店前的准备

▶ 任务2　建立店铺

▶ 任务3　选择商品货源

任务 1　做好开店前的准备

☼ 任务目标

1. 掌握开设网店前期的准备内容和流程；
2. 能够制订前期准备任务清单和计划。

☼ 知识储备

开一家网店，虽然成本投资较低，但也要做好充分的准备才能获得成功。每一个成功案例的背后，都做足了大量的准备工作。这些工作包括：想开一家什么样的网店？需要购买什么东西？需要多少资金？需要什么软件等等。那么我们就一起来看看开网店之前都要做哪些基本工作。

一、开网店前的物质基础准备

"欲善其事必先利其器，"所以在开店前必须准备好所需要的一切物质准备。那么都需要做什么准备呢？以淘宝网为例，开一家淘宝网店需要如下设备：

（1）联系电话，手机。这是商家联系的基本手段。虽然一般的电商平台都提供了主要沟通的在线交流工具，但是遇到一些需要紧急购买的客户或者特殊需求客户，他们还是需要通过电话直接沟通。无论在什么情况下，电话仍然是最直接、最便捷、最有效率的沟通方式。

（2）身份证。这是开店者身份的证明，在网店的资格审核中，必须提交店主的身份证明信息。同时这也是办理网上银行的主要信息。

（3）网上银行。开通网银是建立网店的基础，所有的收入、支出都要通过第三方支付平台转到银行卡里。

（4）其他硬件，如电脑、扫描仪、数码相机、打票机等。扫描仪主要用来扫描一些文件用来申请网店并上传到网店上。开网店对于相机要求较高,因为网店上展示的商品均以图片形式展示,因此图片的质量对商品的销售来说起到了至关重要的作用。打票机是用于给客户购买的产品开发票时使用,也是必备硬件。

(5)必备软件。网店中与客户的沟通大部分在非紧急情况下,都可以网络即时通讯工具为主。因此 QQ、淘宝旺旺这样的即时沟通工具都是电脑上必须安装的软件。一般来说,选择什么样的即时沟通工具,主要以所在的电商平台提供的沟通软件为主,如淘宝主要用阿里旺旺来作为沟通工具。

(6)资金准备。打算在网上开店的人会有一个共同的问题,那就是"网上开店需要多少资金?"总的来说,不同的经营目标,不同的产品都会导致网店的投入不同,没有统一的标准。但如果除去产品进货的投入,在电商平台开设网店的资金并不是很多,这个依据不同的电商平台而定。主要是申请网店的手续费用和网店店铺的宣传费用。这个可以根据实际的费用准备。

如果是你要开设店铺,除了上面的提到的,你还会准备哪些东西?试着举例说说。

二、心态建立

对于创业者来说,虽然开设网店投入不大,但是在电子商务飞速发展的时代,要在众多网店中脱颖而出,并且获得不错的盈利,还是要付出很大的心血的,和其他创业模式一样,也必然会遇到挫折。所以在开店初期,一定做好心理准备,树立坚定的信念,准备好受挫的心态,准备接受开店初期不盈利反而赔本的事实。

只有在开店前期做好充足的心理准备,才有可能让网店度过初期的寒冬生存下来。

三、制定产品价格体系

在决定你所要在网店销售的商品之前,首先要清楚地了解商品在市场中的价格体系,这样才能够有目标地找货源谈价格。了解清楚当前的市场价,清楚高价和低价的相差范围,然后根据市场价格制定自己产品销售的价格体系。在价格制定策略方面,没有统一的标准,但是总的来说,消费者都喜欢物美价廉的商品。电商之所以发展迅速,就是在提供送货上门的同时,价格也占据优势。因此根据你的成本,算出你想要获得的利润,在此基础上制定出相对市场价较低的价格,是网店商品销售的关键因素。

四、寻找合适的货源

网店的商品经营有两种模式:(1)寻找代理商;(2)寻找进货渠道。寻找代理商可以通过网络,比如阿里巴巴这样的网上批发市场,直接找好的大卖家做他的代理,谈好价格,利用他的产品资源。你既不需要进货,又不需要存货到家,只需要将他的产品放在你的网店上,等顾客拍下你的商品后,你可以通过支付宝把款和邮费支付给代理商,让他把商品发给你的顾客。这样的好处是你的成本极低。那么另一种方式就是你需要找到合适的货源批发进货,和批发商谈好进货价格。

五、控制运输成本

物流是网店运营的必备环节。网店的产品销售突破了地域的限制,但是货物必须依赖物流送到顾客手中。除了个别如京东、亚马逊这样的电子商务公司之外,大部分电子商务形式都会通过与第三方物流公司的合作来发送商品。所以根据你的网店的定位和成本核算,确定选择一家价位适合的快递公司,也是非常重要的。对于网店来说,除了商品质量、价格之外的取胜因素,就是快递的送货效率了。因此,选择一家合适快递公司也是非常关键的。

以上各项内容都完成之后,就可以注册网店,筹备网店的开张事宜了。

案例分享

小李开店前的准备事项

最近,小李在网上开了一家商店,因为是新手上路,在开店过程中他还走了一点弯路,但是最终还是成功了。整个开店过程用了不到1个月的时间,后来,他深有体会地说:"网上开店——磨刀不误砍柴工,在开店前一定要做好充分的准备。"

现在我们来看看小李开店的过程,并从中总结一些经验。

开网店之前,小李首先进行了一些市场考察,这是他做的第一件事情。小李做市场考察的目的就是看哪些东西在网上比较吃香,看自己适合做哪些,比较擅长哪些。

小李经过一番考察和对自己的审视确定下来要卖珠宝类产品——水晶,之后,他就开始联系货源。然后就着手开店。开店当然是需要注册申请的,小李选择的网络平台是淘宝网,他的操作方式如下:

① 首先,在淘宝网首页上点击"免费注册",之后出现"注册步骤"的界面,根据提示填写信息进行免费注册;

② 收到电子邮件后,淘宝会员就注册成功了。

他给自己的网店取名"小李宝贝"。后来觉得不好,但是,不好改了。值得注意的是,申请网店时,好的名字是非常必要的,不仅自己比较容易记住,买家也比较好记,这个很关键,因为在淘宝的会员名一经注册就不能更改了,最好是取个有关你所要卖的宝贝的名字。

注册之后,小李又进行相关的实名认证、支付宝认证。做这些认证时需要准备好自己的身份证扫描件和以自己的身份证开户的银行卡,一般没什么问题的话,3个工作日就能通过淘宝网审核。

此外,淘宝网是要有10件出售的商品发布后才有店铺的,所以在开网店之前还要准备在网上发布10件商品。

注册之后,小李就想着怎么装修和上传自己的店铺。淘宝网的各个卖家的店铺基本的样子都是一样的,但是又都有着各自的不同,那是因为卖家都装修了自己的店。

宣传自己的店铺也是需要时间的,勤快的小李到各大BBS发帖子、回帖子、改自己的QQ个人资料、MSN资料,让身边的人宣传、利用搜索引擎,反正能宣传的就宣传,当然有付出才有回报啊!他还告诉身边的每个人他开网店的消息,并把他的MSN和QQ资料全改成"本人网店开始营业,欢迎光临及询问",这个效果也是不错的。

经过售前耐心的准备,好了,商品也到店里,宣传也做了,肯定紧跟着顾客也会上门询问了。这时什么问题都可能,正是在考验人耐心的时候。小李一点也不着急,因为他知道网上购物不能跟生活购物相比,因为顾客看不到商品,他只有通过询问买家才能知道,所以小李会设身处地为顾客着想,他把事先应该让顾客知道的都说明白了。

当生意成交之后,小李还很重视售后服务。他会做好记录并包装好,问清楚快递什么时候会到,告诉顾客货物估计会到的时间让他们注意保持手机、电话的畅通,到那天还会跟顾客确认一下是否收到了,最后还要了解一下顾客是否满意等。

经验分享

小李开网店的过程给我们的启示是,如果在开网店之前好好准备,会缩短开网店的时间,这就叫"磨刀不误砍柴工"。从小李开网店的全过程来看,我们可以借鉴他的几个经验:

1. 开网店前做好市场考察,这样做使开店不盲目,而是有市场,有顾客群,有针对性的;

2. 成功注册申请并及时寻找货源;

3. 精心设计装饰自己的店铺,并努力做好网店宣传工作;

4. 做好记录和包装,搞好售中和售后服务;

5. 勤奋的创业精神和耐心服务顾客的态度。

这些都是小李开网店前做好的准备工作,但是,小李也有一个小小的遗憾,那就是没有给自己的网店取一个很有个性的名字,这给每一个开网店的朋友提了个醒,开网店前一定要用心取好网店的名字。

本节任务

任务一 根据背景完成下面的任务

任务背景

在学校学习期间,你一直在思考和关注电子商务发展的趋势和动态,想着毕业后能开一家真正属于自己的网店。马上要毕业了,你打算把开网店的梦想化为现实。但是,当你真的去思考如何开一家网店的时候,发现有很多需要准备的事情,这些事情都是以前未曾考虑到的。为了更充分地准备,你需要做一张网店开设准备清单。按照以下提示来完成。

任务要求

请完成网店开设前期准备任务列表。

开设网店前期准备任务清单

网店名称：　　　　　　　　　销售商品：卡通水杯

网店定位：

准备事项：

☐ 事项：_____　　准备结果：_____

☐ 事项：_____　　准备结果：_____

☐ 事项：_____　　准备结果：_____

☐ 事项：_____　　准备结果：_____

☐ 事项：_____　　准备结果：_____

☐ 事项：_____　　准备结果：_____

☐ 事项：_____　　准备结果：_____

☐ 事项：_____　　准备结果：_____

☐ 事项：_____　　准备结果：_____

任务二　制定商品价格体系

根据任务一中你要开设的网店及销售的商品，制定你的商品的价格。在这个过程中你要考虑的要素是在以下任务书中有所体现，写出你所考虑和调查的过程，以及你价格最终制定的依据。

销售商品：卡通水杯

水杯面向客户群体：

水杯质量与特点：

市场价格调查结果：（本部分写出市场价格的浮动范围）

你要销售的水杯的价格体系：

你制定价格的依据：

课后思考与练习

1. 你认为开一个网店之前需要具备什么样的心态？谈谈你的感想。

2. 平时你愿意在网上购买东西吗？你在选择一家网店购买商品的时候，你以什么作为选择购买的依据？

任务 2　建立店铺

☼ **任务目标**

1. 掌握网上开店的操作流程；
2. 掌握网店命名方法设计出特点店名。

☼ **知识储备**

当前期的准备工作完成之后，就要着手准备建立网店了。要开网店，要选择一个比较好的电子商务交易平台，给网店起一个名字，这样就可以注册开设网店了。

一、注册开设网店

由于目前有很多电子商务平台，比如淘宝、阿里巴巴、易迅、拍拍网等，注册开店的流程基本都是一致的。选择在什么平台注册开设网店，主要考虑的是平台的知名度、平台信誉以及开店成本。

1. 会员注册

要在电商平台开店和购物，首先要注册成为此平台的会员。只有成为会员，通过平台的认证和审核之后，才能在网上进行交易。

以淘宝为例，打开淘宝网，点击首页左上方的"免费注册"。

图 2-1　淘宝网首页

进入之后，按照注册流程即可完成注册。

图 2-2　淘宝账户注册

2. 平台即时通信工具的安装应用

以淘宝网为例，阿里旺旺是在淘宝网上开店和经营必备不可少的即时通信工具，主要解决网店经营管理过程中的"信息流"问题。阿里旺旺分为卖家版和买家版，主要是管理买卖双方的沟通和买卖信息等。而且很多规模较大的网店商家，都要求网店职员必须用阿里旺旺来进行沟通，以此来有效规避买卖中的风险。

3. 实名认证

为了营造诚实可信的交易环境，为买卖双方设置了第三方支付认证的程序。目前第三方支付平台工具，应用比较广泛的有支付宝、财付通等，其中支付宝的发展最为迅速，目前除了在购买中支持第三方支付交易之外，还能进行银行卡之间的转账、信用卡还款等功能。

以淘宝网为例，在淘宝首页右上方的导航栏中，进入"卖家中心——免费开店"，即可进入到免费开店引导页面。如下图所示。

点击"免费开店"，按照引导进入支付宝实名认证以及淘宝开店认证的相应流程，如图 2-5 所示。

如图 2-5 所示，按照提示填写好相关信息，并上传证件和照片之后提交等待认证的审核通过。

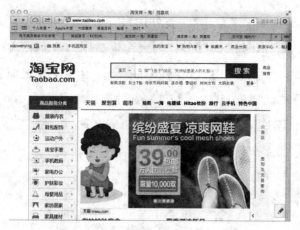

图 2-3 进入淘宝界面

图 2-4 进入淘宝卖家中心界面

图 2-5 淘宝开店认证界面

在"我是卖家"选项卡下单击"我要开店",会出现参加考试的提示。在淘宝网开店必须通过淘宝开店考试,考试内容是《淘宝规则》,这是在淘宝网初开网店者必须要学习的,如果不熟悉《淘宝规则》,可能会导致违反规定而被查封店铺。考试分数须达60分才能通过,其中的基础题部分准确率必须为100%。考试通过后阅读《诚信经营承诺书》,然后根据提示填写店铺名称、店铺类目及店铺介绍,保存后确认提交即可。

至此,注册流程完成。

二、设计店名

店铺名称一般位于店铺的左上角,这是一个比较吸引人的地方,设计一个富有创意的好店名,会在以后的经营中起到非常重要的作用。

网店命名的原则

店铺的名称就像人的名字一样,一个好听、好记、有特点、朗朗上口的名字会对顾客心理产生微妙的影响。一方面,好的店名容易引起顾客的购买欲,对网店起到推销的作用;另一方面,当顾客把一个网店推荐给另一个顾客后,好的店名能让接受推荐的顾客容易记住,并能顺利在网络上搜到。试想,一个拗口、有着生僻字的店名,如何被客户记住?又如何能被客户快速地搜索到呢?电子商务的快速发展,使得网络商家多如牛毛,只要顾客在搜索过程中遇到一点小小问题,客户就可能会放弃。因此,一个好的店名至关重要。

(1) 简洁明了

简洁明了、通俗易懂的店名不仅读起来响亮畅达、朗朗上口,而且也易于让别人记住。所以店名尽量要避免使用生僻字,如果读起来拗口,自然也起不到应有的作用。

(2) 与众不同

店名要用与众不同的文字,使自己的网店表现得比较特别,能在众多同行中引人注目。用现代商务运作的观点来看,一个与众不同的店名实际上意味着一种独立的品味和风格。

（3）彰显特点

店铺的名字要彰显自己的行业特点，让别人一看店名就知道店铺经营的商品，能够表明自己的店铺性质和经营范围。例如，如果卖的是钱包，一定从店名上就知道销售的产品是钱包；如果店铺卖的东西比较多且杂，那么就以主打产品来给自己的网店命名，或者以所销售商品的类别来命名。这样便于增加卖家搜索到自己店铺的机会。

 补充知识

店铺命名的注意事项

（1）表明店铺的性质和经营范围，如"现代风窗帘定做"。"窗帘"是经营范围，"定做"是性质。

（2）表明服务对象，如"婴儿用品专卖"、"女士护肤美容"，表明服务对象分别是"婴儿"和"女士"。

（3）体现特色服务和风格，如"绿色草本植物护肤专卖店"。

（4）体现店主身份，这个店主的名称可以是昵称，如"小艾女生饰品"。

（5）如果店铺是销售某一品牌商品，可以以品牌名称作为店名，如"阿迪达斯运动专卖"。

总的来说，网上店铺因不像实体店可以让顾客直接体验，所以在网店名称的命名上一定要提炼出网店的特点、优势或者体现出店名的独特性。

任务背景

在学校学习期间，你一直就想创办一个网店。目前马上面临毕业，你已经做了一些前期的准备，着手创建一家自己的网店。

以下是你前期的准备工作内容。

● 销售产品：1～6岁儿童服装

- 产品价格范围:80~500元
- 产品特点:纯棉质地、韩国品牌、款式新颖

任务要求

现在你准备在网上注册开设网店,你一边注册,一边在考虑给自己的网店起一个有个性、且容易记住的名称。

(1) 根据本节所学内容请在淘宝网上进行用户注册并进行相关网店开设的注册流程操作,并将自己起的网店名称写在下方:

_____

(2) 将自己起的网店名称在课堂上与老师和同学们分享,讲讲自己起这个网店名称的原因,以及网店名称的特点。

(3) 在电子商务实训平台展示自己申请注册网店的流程和网店注册后的页面效果。

课后思考与练习

列出你认为比较有特色的网店名称,并简要分析之所有有特色的原因。

任务 3　选择商品货源

☼ 任务目标

1. 熟悉实体商品与虚拟商品的特征及货物选择；
2. 掌握开店时如何选择商品及如何利用网络平台寻找供应商；
3. 具备对供货方的正确判断及网络货源的正确选择能力；
4. 掌握与网络供货商沟通的技巧。

☼ 知识储备

货源选择直接关系到店铺的经营状况，是网上开店的关键环节之一，不会找货源就谈不上能开好网店。在寻找供应商、选择货源的过程中，有两个重要环节。即虚拟商品与实体商品的选择和如何寻找供应商。

一、虚拟商品与实体商品的选择

1. 网络虚拟商品的特点

网络虚拟商品是指完全依赖于网络空间而存在，能为人们提供一定特定使用价值的劳动产品。在交易过程中，无须物流部门为其提供直接的流动服务，在使用(消费)时也不需要依赖于任何物质实体的虚拟化产品。

网络虚拟商品主要分为游戏虚拟商品、网页虚拟商品和环境虚拟商品的类型，具有虚拟化、数字化、全球化、唯一性和个性化的特点。

网络虚拟商品主要有以下的交易特点：

(1) 网络交易市场的形成时期较早，交易过程较为渐变，不受时空限制；

(2) 以游戏、装备、音乐、影视、网络教学服务、信息平台等虚拟产品为主要交易对象；

(3) 市场具有很强的特定性，客户群体容易定位；

(4) 市场空间相对较狭窄；

(5) 产品具有期限性，通常售后服务体现比较明显；

(6) 附加价值相对较小，综合成本也相对较低，但是利润空间较大；

(7) 不占用实体库存，但是安全隐患较大等。

课 堂 讨 论

你能说出3个虚拟商品的例子吗？说说为什么它们是虚拟商品？

2. 实体商品在交易中的优势与劣势

优势：(1)实体商品比较大众化，需求量较虚拟商品大；(2)实体商品客户群体广泛，交易具有很强的可见性；(3)实体商品的价格定位相对比较稳定，容易形成价格比较。

劣势：(1)实体交易操作繁琐；(2)开店时卖点投资成本较大；(3)需要库存和物流服务支持；(4)投资风险相对较大；(5)产品送达的滞后性较强，容易降低消费者的满意度，对提升店主个人信誉度难度较大；(6)实物商品容易出现质量问题，因而对于一个开店新手来讲销售实体商品的交易难度较大。

3. 虚拟商品在交易中的优势和劣势

优势：(1)货源寻找难度小，一般只需要支付一定费用就可以获得代理权；(2)开店投资小、风险也小；(3)虚拟商品单价较小，但利润空间较大，因为虚拟商品只需要一次软件就能终身使用，不会产生二次成本，因此理论能达到80%以上的利润；(4)虚拟商品不需要物流、库存等服务支持，交易过程中程序简单，易于操作；(5)购买群体特定性较强，容易锁定客户群体；(6)虚拟商品产品质量问题较少，交易过程中比较省心；(7)很少出现产品质量问题，虚拟商品能快速提升店铺信誉，因为虚拟商品交易时间短，在同样的时间内可以完成很多笔交易，因而店铺信誉也提升很快。

劣势：(1)特定性、专业性较强，开店时货源选择相对有限，不适合某一个特定个人(群)；(2)价格弹性较大，随意性较强，具有一定的潜在交易价格风险。

4. 商品选择

从二者的优、缺点来看，实体交易难度比虚拟交易难度大，比较适合店铺商品的选择。但是,由于虚拟商品缺乏大众化,专业性较强,对产品的性能掌握不彻底,加之一半虚拟商品都集中于游戏类产品,不适合大众人员作为开店选择。总体而言,选择实体商品还是虚拟商品,应该根据两者的特点,以及依据开店者自身的兴趣爱好,进行相应的选择。

二、利用网络平台寻找供应商

在互联网时代,初期寻找普通的供应商已经不需要一家一家实地去找,而是通过互联网先进行考察、了解和初步的电话洽谈。

(一)销售商品选择定位

1. 适合网上个人开店销售的商品应具备的条件

如果是个人创业,就以开一个网店为赚钱为目的,那么在网上开店之前,就应该分析自己是否具备网上开店的货源条件,不是所有商品都适合网上销售,也不是所有适宜网上销售的商品都适合个人开店销售。个人开店所选择销售的商品一般应具备以下条件。

(1)体积较小:主要是方便运输,较低运输的成本。

(2)附加值较高:价值低过运费的单件商品是不适合网上销售的。

(3)具备独特性或时尚型:网店销售不错的商品往往都是独具特色或者十分时尚的。非常普通且容易购买的商品,因竞争激烈导致利润较低。

(4)价格较合理:如果线下购买或在实体店购买可以用相同的价格购买,那么一般消费者还是愿意在实体店购买,网上销售就失去了竞争的优势。

(5)通过网站了解就可以激起浏览者的购买欲:如果这件商品必须要亲自见到才可以达到购买者的信任,那么就不适合在网上开店销售。当然目前随着电子商务的普及,很多网店都提高了信誉度,因此很多以前不会在网上普及销售的商品也逐渐取得了消费者的信任。

(6)只有网上才能购买到的商品:这样的商品容易形成产品的稀缺性,如果经营的好,是非常适合网上销售并获取一定规模利润的。如海外代购的商品等,或者一些价格较贵的商品通过特定渠道而具有价格优势。

根据以上条件,目前适合个人在网上开店销售的商品主要包括首饰、数码产品、保健品、服饰、护肤品、工艺品、体育与旅游用品等。一些商品虽然也在网上销售的不错,如农产品、家具等,但这些一般都是商家在网上开设的网上销售渠道,作为个人或者初创业的毕业生来讲,是不适合选择这样的商品在网上销售的。所以,网上开店要放弃一些不适合个人网上销售的商品,同时也要注意遵守国家法律法规,切忌不要销售以下商品:

(1)法律、法规禁止或限制销售的商品,如武器弹药、管制刀具、文物、淫秽品、毒品等;

(2)假冒伪劣商品;

(3)其他不适合网上销售的商品,如医疗器械、药品、股票、债券抵押品、偷盗品、走私品或者其他非法来源获得的商品;

(4)用户不具有所有权或支配权的商品。

案例分享

如何预防网上进货陷阱

刚毕业的张小燕准备开一家网店,主要是卖服装。张小燕在网上找到一个货源,图片都非常漂亮,于是小燕很高兴地就跟对方订购了1万元的服装。没想到把货款付给对方后,网上供货商给她寄去的服装却与网上图片差异很大,甚至还有很多根本没用,导致她损失了1万多元。

虽然1万多人民币对于稍具规模的网店来说是可以承受的损失,但是对于刚开始创业的她来说,无疑是一笔很大的损失。而且在与供货方沟通后,供货方并不承认自己的服务有问题,声称是张晓燕期望值太高。

这次的损失让张晓燕有了经验,并吸取了教训。在以后的进货中,她都非常仔细地辨别谈判,并总结了如下经验供其他开网店的同学参考。

方法一:搜地址

网上供货商应该有一个固定地址,即便是骗子也会编一个地址出来。你可以利用网上搜索引擎搜一下这个地址,从中可以找到很多信息。骗子的地址漏洞最主要的表现是,地址与公司名称所包含的地址不符。另外,你可能会搜到一些受骗者曝光骗子公司的信息,从中就可以直接判断该公司是否为骗子。

方法二：查黄页

查看供货商所在地的网络黄页，查找供货商的公司名称。如果有该公司相关信息，那么核实它的经营范围，是否与你的进货商品类型相符。

方法三：看执照

去当地工商部门官方网查询其营业执照，看看这个公司是不是确实注册。如果是一个空壳公司，最好不要与之交易。如果网上查不到相关信息，可以打工商局部门的电话进行查询核实。

方法四：查电话

可以通过电话的所在地区来判断与他所提供的所在点是否一致。另外在网络上搜索一下这个电话号码，是否有一些可疑信息。

方法五：看账号

一般来说，正规公司进行网络批发的时候，应当提供的是公司账号而不是个人账号。因此如果对方提供的账号是个人账号，你可以要求他提供对公账号。如果对方不能提供对公账号，则立刻终止交易。

（二）网上销售商品的一般选择原则

1. **个性化原则**：在网上开店如果自己所选商品能较其他商品独具特色，这将有利于后期的推广，使很多客户如果不在网上购买的话就很难买到，这样的特色产品很容易在网上销售。

2. **标准化原则**：一般而言在网上销售的商品，是在大家心目中都有一个明确的标准衡量，如尺码、规格、型号等，否则不利于顾客选择。

3. **合适原则**：总体而言，选择产品一定要慎重，开网店找货源一定要选择适合自己的商品，选择自己熟悉的行业的产品，选择自己喜欢、感兴趣的产品。假设你喜欢服装，就不要选择数码类产品。主要结合自己的兴趣，才容易获得成功。

（三）供货方选择

供货方的选择，需要仔细地了解、考察与对比，从货源类型来说，通常有以下几种。

1. 厂家供货

直接从厂家拿货最为便宜,相对而言,利润空间也会比较大。一般的厂家都是面向一定的大客户,通常不会和小卖家合作。所以开店时应考虑自己的订货批量,是否有能力进行大批量地订货;考虑自己的库存问题以及人手问题等。同时,厂家进货还有很多需要注意的地方,例如产品调换货以及产品质量问题等,都应该提前达成签署协议,以免造成不必要的纠纷。一般来说,个人创业的小卖家,不建议直接到厂家拿货。

2. 批发市场供货

批发市场供货需要的资金相对较少,但是也需要自己花费精力拍照处理等。要想在批发市场拿到一手的货源,而且是质量好的,就需要相关方面的经验,或者多下点工夫,经常腾出点时间去批发市场了解、蹲点调查。批发市场供货有以下几个优势。

（1）批发市场的商品比较多,品种数量都很充足,有较大的挑选余地,而且很容易实现"货比三家";

（2）批发市场很适合兼职卖家,这里进货时间和进货量都比较自由;

（3）批发市场的价格相对很低,对于网店来说容易实现薄利多销,也能有利于网店交易信用度的累积。

相比较而言,批发市场是新手卖家不错的选择,尤其是身处具有大型批发市场的大城市的店主,将具有得天独厚的优势。

课 堂 讨 论

想一想你身边有没有一些大的批发市场？它们主要是哪种商品的批发市场？它们的主要特点又是什么？

3. 网络代销供货

网络代销就是在网上展示商家给的产品图片、产品介绍等资料,代销者（卖家）向网络代销支付一定货款,同时再给商家一定的资金后,代售商或商家负责为卖方发货,在商品出售后,代销者从中赚取其中的差额。有两种类型的网店店主适合选择代销,一类是自己没有太多本金用于进货;另一类是害怕承担风险想先尝试一下。网络代销具有以下优点。

(1) 网络代销几乎不需要什么资金投入,很适合新卖家和小卖家;

(2) 网络代销也不用准备仓库,不用自己负责物流,商家会在收到定金、资料后给买家直接发货,所以也为卖家节省了邮寄的麻烦;

(3) 网络代销省去了卖家给商品拍照,描写商品介绍的麻烦,这些信息通常可以直接从商家处获得商品图片,一般效果都比较好,也更容易吸引买家。

当然,网络代销也有很多不足之处。

(1) 因网络代销不能直接接触商品,所以不便对商品质量、库存和售后服务进行把关。

(2) 由于代销涉及第三方交易,所以利润相对偏低,网店店主主要赚取一个买家和货源卖家之间的差价。因此如果想以经营一家专门的网店为盈利和谋生来说,代销没有大的投入也同样没有大的回报。

4. 寻找商家余货

这里提到的商家,一般是指比较大的批发商。这样的批发商一般都会有一定的库存积压,有时甚至还会有名牌商品积压,不过款式相对来说较老,但是品牌效应还是存在的。所以寻找到好的商家余货,也是不错的货源选择。

(1) 商家余货一般市场需求量较大,商品的品质也有一定的保证,属于中高档的货物,在网络交易中很容易获得好评。

(2) 商家余货的货源相对较少,所以竞争小,网络竞争力很强。而且还可以利用网店的地域性差异,从而提升积压产品的品质,提高销售价格。

5. 阿里巴巴网站批发供货

全国最大的批发市场主要集中在几个城市里,而且有很多买家也没有条件千里迢迢地跑到这几个城市批发商品。所以,阿里巴巴作为一个网络批发平台,充分显示了它的优越性。为很多小地方的卖家提供了很大的选择空间,该平台不仅查找信息方便,也为大量的小卖家提供了相应的服务,并且起拍量很小。

将阿里巴巴作为供货选择,主要有以下优势。

(1) 阿里巴巴不仅有批发进货,还有小额的拍卖进货,这都是淘宝卖家很喜欢的进货方式。

(2) 大家在网站进货时最好选择支持支付宝或者诚信通会员的产品。这样的会员产品一般来说等级越高,表明经营者的经营时间和信誉度较为可靠。应该说作为选择供应商来说为中小卖家提供了参考标准,作为沟通前的一个参考标准。

(3) 阿里巴巴有很强大的搜索功能,在选择供应商时可以进行最大限度的比较选择。

另外,阿里巴巴也有沟通工具,这样一旦发生纠纷,也有沟通过程作为凭据之一。网络进货不比批发市场,因为存在一定的虚拟性,所以大家选择商家的时候一定要谨慎。

 补充知识

网店货源选择经验分享

1. 如果没有实体店,第一次开网店,建议选择一些比较熟悉的产品或者大众化产品。

2. 选择出售的产品最好是比较有特色的,你可以想象,如果你销售的商品有统一规格,客户很容易在相同的产品里选择最低价格,那你也得被迫将产品标价降低,以适应市场竞争。如果你的产品没有太大的可比较性,那么利润就会相对较高。

3. 进货渠道,选择在淘宝找商家是不错的选择,他们会有比较专业的人士指导网店卖家如何在网上开店。

4. 选择进货厂商的时候,在网上有很多要求我们先存预存款的,这个时候要谨防上当,最好先从自己所在地附近的厂家选择,亲自了解厂址,甚至亲自去实地考察谈判,并签署具有法律效应的协议。

 本节任务

任务背景

你打算开设一家销售苹果手机壳的网店,以下是你网店前期准备的相关信息。

网店名称:小艾苹果手机壳专卖

网店定位:中、高端品质,锁定对品质有要求的客户群体

价格范围:80~200元之间的价格

品牌:品牌没有限定

以上是你的手机壳网店的基本定位,现在你要准备寻找货源,在寻找货源前你需要了解目前淘宝网上苹果手机壳的品牌以及价格。通过两天的了解,你发现网上同类产品价格差异很大。

任务要求

(1)你锁定了3~6种品牌,价位相对有保障,并且符合你的网店定位的产品。将它们列在下面的表格中。

品牌	价格范围	网店名称

(2)你锁定了以上品牌中的2~3种苹果手机壳的品牌,并了解价格范围,于是你开始搜索供应商寻找货源,请将你搜索的供应商及价格信息列在下面的表格中。

品牌	供应商名称	价格	供应商来源(寻找途径)

(3)谈谈你在寻找供应商货源的过程遇到的困惑和问题。

课后思考与练习

1. 寻找货源及供应商有哪些方式?

2. 如果辨别供应商的真伪?

3. 如果是你要开一家网店,你会开一家什么样的网店?销售商品是什么?如何去寻找货源渠道?

项目实训 开设儿童玩具网店

☼ **实训目标**

通过本次实训,能够达到以下目标。
1. 能够根据网店及商品特点,为网店起名;
2. 能够掌握寻找供应商货源的方法。

☼ **项目背景**

通过前期的儿童玩具调研,你们已经对要开设的网店名称、网店定位网店客户群体有了一个比较清楚的定位。你所选定的客户群体主要是大中城市的白领一族的孩子,这类群体一般来说收入稳定,重视儿童早期的智力开发,并且愿意在儿童的早期智力开发上投入较多的资金。因此,以下是你前期调研的儿童网店定位结果。

网店类型:儿童玩具网店

网店名称:待定

网店客户群:大、中城市的白领一族

网店商品类别:0~6岁儿童智力玩具、儿童阅读电子书、儿童积木

价格定位:单价200~500元

☼ **你的团队构成**

毕业后,你们4个关系要好的同学一起创业开网店,在这次网店筹备的过程中,你们的分工如下。

1人负责市场策划,1人负责网店注册及取名,1人根据网店及商品定位寻找货源,1人是团队领导总负责全面工作。

现在你们4个人要协调合作,完成这次店铺的筹备开设工作。

☼ 实训任务及安排

1. 登录 ECSS 系统(见下图),开设一个儿童玩具网店;

2. 完成每小组 4 个人的分组工作,每组按照上面的要求进行分工并明确职责;

3. 完成网店的取名及注册工作(注册可以模拟进行);

4. 市场策划人员要根据你们的市场定位选取合适的商品,确定商品类别、名称、商品的图片及准备销售商品目前的市场价格;

5. 寻找合适的商品货源,列出供应商名称及价格。要求至少列出不少于 5 家供应商货源并进行比较;

6. 其他 3 人分别把每个人负责的工作向团队负责人进行汇报,团队负责人进行汇总后最终选择 1 家最为适合的供应商货源;

7. 以小组为单位,组长(网店总负责人)向全班及老师以 PPT 形式讲解并展示你们店铺的销售定位、产品类别、价格及选择供应商的过程,展示讲解过程不超过 15 分钟;

8. 每两个小组之间在完成任务的过程中相互观察，并进行评分。注意在评分的过程中不要向对方小组泄露每项分数；

9. 每个小组拿到自己的评估结果之后，看看自己存在哪些不足，哪些是自己认可的，哪些是不认可的。对于那些不认可的地方要与对方小组进行沟通讨论。

10. 教师评选出最优秀的小组进行结果展示。

☼ 实训评估

实训评估表参见 p.31。

☼ 本项目知识回顾

通过本项目的学习，我们主要了解到开一个网店前需要考虑的问题和前期的准备工作。虽然开网店相对来说是一种较为容易的创业方式，门槛较低，资金投入较少，但是真正要开好一家网店，前期的各项工作都要万无一失。

在整个开店的前期工作中，准备工作要充分。在这个过程中，网店经营者可以做一个前期的工作准备清单，列好需要准备的事项和准备方式。在前期工作中，必要的硬件设施是不可缺少的、准备好需要投入的资金、开设好网上银行等工作。除了一些必要的物质准备之外，网店开设初期一定要树立良好端正的心态，做好吃苦和受挫的准备，不要将开网店想成一件坐在电脑前轻松赚钱的事情，因为任何一件事情都不是随随便便就能成功的，尤其是在当下电子商务形态发展日益渗入到生活方方面面的形势下，网店竞争也是非常激烈的。因此想要成功，必须做足充分的物质准备和心理准备。

选择好要经营的商品，制定好合理的价格体系，是在网店开设前期工作中的核心。制定价格体系主要通过商品的成本、市场平均价格以及你的价格定位进行综合考虑。除了货物供应商的选择，另外一个非常重要的供应商就是物流服务商的选择。因为对于网店来说，找到一个可以让自己和顾客都信赖的物流商是非常重要的。选择物流服务商主要考虑的重要因素有：发货速度、在物流途中的物品质量保障。物流速度和物品的质量保障是顾客十分关注的问题,但是对于网店经营者来说,还要考虑的重要因素就是物流成本,你的商品的价格和利润空间决定了你使用的物流成本。

通过本项目的学习,你有哪些心得体会?

_____
_____
_____
_____

项目三
装饰网络店铺

在项目二中我们已经开设了自己的网络店铺,选择了自己的商品货源。接下来,你需要将商品发布到网上并进行描述介绍。但是此时的网店只是一个简单的店铺,不仅店铺首页的版面没有特色,甚至都没有自己的个性店铺标志以及各种产品及活动的介绍,消费者即便无意间搜索到你的店铺和产品,但是看到你的版面也会感到失望,谁会在一个这么不专业的网店购买产品呢?所以对你的店铺进行装饰是一项很重要的工程。店铺的第一印象对于人的认知会产生相当大的影响,对于网络店铺来说,装修更是店铺兴旺的制胜法宝,任何物品的任何信息我们都只能通过眼球来获得,所以更要在美观上下一些功夫。一般来说,经过装修设计的网络店铺特别能吸引买家的目光。首先,网店设计可以起到一个品牌识别的作用。对于店铺来说,形象设计能为商店塑造完美的形象,加深消费者对店铺的印象。其次,网店的店铺装修可以让店铺变得更有附加值,更具信任感。因为网络购物者只能通过网店上的文字和图片来了解产品,一个好的店铺能增加用户的信任感,而店铺装修是提高产品附加值和店铺浏览量的重要手段。所以说,开网店,也需要把店面装修得漂亮一些才能吸引客人,如果店铺没有装修,空空荡荡的,那么也很难激起消费者购物的欲望,因此,店铺装修就是为了让顾客在购物中感受到一种温暖的气息,从而增加销售额。

在本项目中,你将学习如何对商品进行描述和发布,以及如何对网络店铺进行各种装饰的知识和技能。在完成了店铺的装饰之后,你就可以正式经营自己的店铺了!

本项目需要学习和完成以下任务。

▶ 任务1　商品描述和发布

▶ 任务2　设置店铺版面

▶ 任务3　制作和发布店铺动态店标

▶ 任务4　制作与发布店铺公告

任务 1　商品描述和发布

☼ **任务目标**

1. 了解商品标题的编写方法；
2. 了解商品信息描述的方法和注意事项；
3. 了解商品发布的流程；
4. 能为不同的商品设置合适的标题；
5. 能根据不同的要求和目的对商品信息进行描述；
6. 能按照规定的流程对商品进行发布。

☼ **知识储备**

一、了解商品描述的主要内容

无论开什么店都要有商品，有商品就要有商品的介绍。在店铺正式运营之前我们需要将我们的商品发布到网上，并对每一种商品进行描述。商品描述其实就是指我们如何向客户介绍我们的商品，让客户在看完商品介绍的描述之后能够对商品产生兴趣从而产生购买的欲望。因此，商品描述是非常重要的。

商品描述涉及的内容比较广泛：首先，你需要给每一款商品取一个好的标题，这样客户在搜索商品的过程中能够通过各种关键词搜索到你的产品；接下来，要考虑描述商品的哪些信息，包括规格型号、功能配置、细节展示、交易说明、配送说明、服务保障以及其他任何重要的商品信息。在完成这些信息的描述之后就可以对商品进行发布了。

精确地说，对商品描述需要很多商品的图片信息。因此，在此之前你需要对商品进行拍照、对照片进行修饰等操作。对商品的拍照涉及拍摄技术的知识，对照片进行修饰涉及图片美化和视觉设计的知识,这些知识在其他的教材中有专门的模块进行讲授,在此不再重复。本任务中默认图片素材都是已经美化完成的图片,不再需要加工。

二、编写商品标题

如何让买家能够快速便捷地搜索到你的商品？如何让顾客在搜索到商品之后能够迅速找到关键信息并产生兴趣？这些需要为商品取一个好的标题名称。

一个好的商品标题可以为我们吸引更多的客户的注意。同时好的商品名称能够让顾客在浏览时更容易了解到产品的重要特征,如果标题中存在顾客感兴趣的信息,那么顾客购买的概率就大一些。那么如何给各种商品取好名称呢？

（一）商品标题的构成要素

一般来说,我们在确定商品的标题时要包含两大类信息:

一类是买家想要了解的信息,如(知名)品牌名称、是否促销、商品主要特征(如宽松、针织、真皮)、商品的主要类型(如短袖、风衣、棉衣)以及商品的特殊信息(如爆款、韩国代购、缺货等)。

另一类是非必要的信息,如店铺的名称、(自创)品牌的名称以及货号等信息。这些信息并不是顾客关心的信息,但是如果卖家想要推销自己的店铺或者自创品牌或者方便自己了解库存和发货的话这些信息也是很有用的。

课 堂 讨 论

你能自己在各购物网站上找到一些优秀的商品标题吗？说一说这些标题都包含了什么信息？

（二）商品取名的技巧

在给商品取名时,我们可以使用以下的一些技巧:

(1) 要包含多个关键词

我们在给商品取名的时候要密切注意目前流行的关键词,例如:现在很流行蝙蝠衫,那么你的宽松服装的标题可以加上"蝙蝠衫"字样,如果现在也很流行韩版休闲装,那么你的关键词也可以包含这几个字样。这样顾客在搜索"蝙蝠衫"的时候能够搜索到你的服装,在搜索"韩版"或者"休闲"字样的时候也能够搜索到你的产品。

(2) 名字要全面

商品名称最好涵盖了所有商品的信息,全面地诠释商品的主要特征,这样顾客搜索到的概率会高很多。例如,"kangnai 康奈正品春新流行男鞋潮鞋 1140015 舒适透气网布鞋男休闲鞋"这个标题涵盖了商品的品牌(中英文)、是否正品、使用季节、适用人群、货号、功能、材质、款式、是否流行等关键信息。

(3) 最好突出商品的品牌

如果商品属于某个知名品牌,那么这个品牌信息一定要在标题中突出显示出来。因为品牌本身就是一个很好的销售宣传,是一个重要的关键词。例如"Apple/苹果 iPhone 4s 全新正品原装无锁智能手机现货",其中"Apple/苹果"就是商品的品牌。同时,一些重要的品牌型号也是重要的关键词,例如,这个例子中的"iPhone 4s",无论顾客搜索哪种关键词,都能够搜索到这种商品。

(4) 使用"特价"、"促销"等词汇

很多顾客会很关注促销商品,所以如果直接在标题上加上促销这类字眼的话,很容易引起这些顾客的关注。类似的词语还有"超值"、"新品特惠"等。

> **案例分享**

不同商品标题的效果

下面是几个商品的标题:
- 3 双包邮　刺绣盆底棉麻春秋情侣男女拖鞋夏季居家室内地板凉拖鞋
- 2014 春夏新款韩版百搭潮女手机迷你女包铆钉糖果冻时尚信封小包包
- 玉泽净颜调护洁面泡
- 专柜正品包邮 相宜本草水盈清透防晒露 SPF30 美白保湿清爽防晒霜

从这几个标题的对比可见,第三个商品的标题基本没有任何有用的信息,首先,"洁面泡"这个关键词并不是很流行,如果在后面再加上"洁面乳"、"洗面奶"等同类流行词汇会比较好;其次,"玉泽"这个品牌也并不为顾客所熟知,"净颜调护"这几个字也太过于生僻和拗口,很少有人会这样搜索化妆品,可以改成"清爽"、"保湿"、"调理"等同类词汇。可想而知,顾客很难搜索到这个商品。而

> 另外三个商品的描述却比较特殊,能够非常详细地包含了顾客需要了解的信息。例如,第一个中包含了"包邮"、"刺绣"、"棉麻"、"春秋"、"情侣"、"男女"、"拖鞋"、"夏季"、"居家"、"室内"、"凉拖鞋",基本上每一个词都是一个关键词,这样还愁顾客搜不到这个商品吗?

三、描述商品信息

给商品取好名称之后就要对商品的详细信息进行介绍了。这部分非常关键,因为这是顾客最为关心的部分。顾客通过标题搜索到该商品,接下来就是对商品进行全面的了解。如果商品信息介绍太过于简单或者单调,很难吸引顾客的兴趣,或者很难使顾客放心购买。

一般C2C的电子商务平台会对商品描述提供模板。商家可以通过商品描述的模板来对商品进行描述。例如,我们的ECSS实训平台中的"商品管理"模块中有"新增商品",就是提供对商品进行描述和发布的模板。包括了宝贝的标题、分类、价格、品牌、规格、数量、库存信息以及宝贝的详细介绍等。

但是,模板的使用只是一些简单的操作,并不会很难,关键是我们要掌握如何对商品进行描述的技巧。

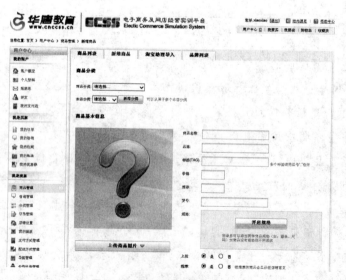

图3-1 ECSS"新增商品"界面

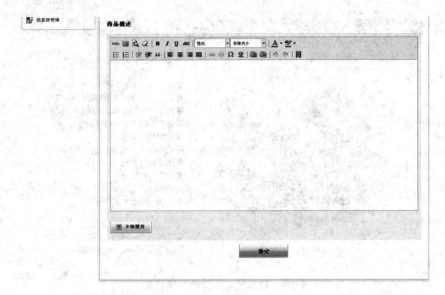

图 3-2　ECSS 商品描述模板

（一）商品描述的一般构成

1. 商品的基本属性

例如，品牌、型号、价格、规格、数量、适用人群等。这些基本属性是客户了解产品的基础。

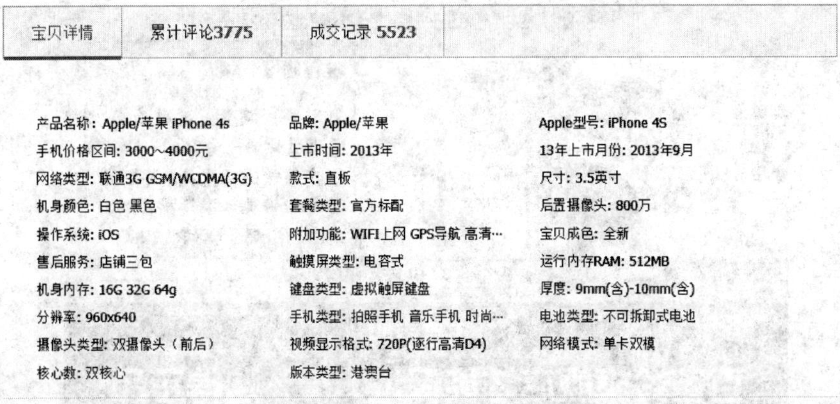

图 3-3　商品的基本属性描述界面 1

图 3-4　商品的基本属性描述界面 2

2. 优惠信息

如果商品正在优惠活动之中，那么对优惠活动的说明也是必不可少的。这些优惠信息如果涉及其他商品的配套销售，那么就更要将每种配套商品的内容和价格及优惠信息介绍得详细一些，并提供配套商品的链接。

图 3-5　商品的优惠信息描述界面 1

图 3-6　商品的优惠信息描述界面 2

3. 商品的功能及特点说明

这部分最好是使用图文结合的形式来说明。例如,使用方法演示图、细节图、模特展示等,方便客户更直观地了解产品并印象深刻。同时,最好提炼出一些别出心裁的广告语或者宣传语标注在图片上,这样显得商品更专业,可以起到更好的宣传作用。

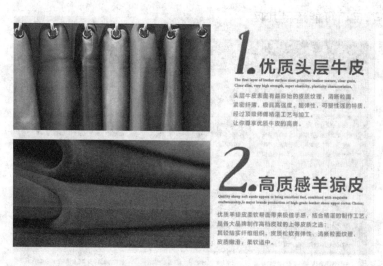

图 3-7　商品功能及特点说明

4. 交易说明

这部分一般包含了买家必读、购物须知等内容,相当于交易双方的君子协议,

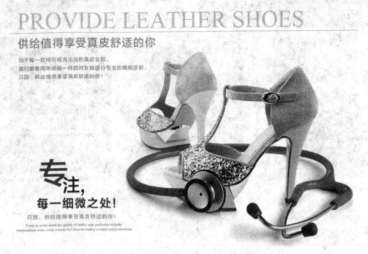

图 3-8 商品描述中的广告语

以免交易后出现一些意外的状况可供参考。这些协议是独立于平台规则之外的，顾客只要拍下商品就代表其对这些协议的认可。这些说明最好是体现公平原则的，不能让顾客觉得反感，同时也要清晰明了，不要相互矛盾。否则不仅无法规避矛盾和风险，反而可能适得其反。

图 3-9 商品的交易说明

5. 客户评价及销售记录展示

客户的一致好评是商品销售的有力武器和证明,因此,很多商家会在商品的信息描述中添加以往的客户好评记录或者销售的记录截图。这样可以更加有力地说服客户进行购买。当然,这必须是有一定的销售历史的商品。另外,展示的客户评价和销售记录必须是真实有效的,有些商家将其他商品的好评截图放置在自己商品的描述中,如果被顾客发现就很容易引起顾客的反感,反而可能打消购客的购买欲望。

图 3-10　客户评价展示 1

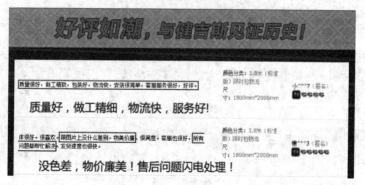

图 3-11　客户评价展示 2

6. 配送说明

网上交易，物流问题一直是一个交易双方都比较关注的问题，走哪些物流或快递？一般多少天发货？多少天能到？是否送货上门或者货到付款？费用如何计算？包邮活动的区域是哪些？等等。这些问题都是顾客比较关心的，未免花费太多的时间来一一解答顾客的疑问，还不如直接在商品描述中进行说明。

图 3-12　商品的配送说明

7. 包装说明

对于一些特殊的产品，顾客会比较在意包装的问题，比如一些礼品类商品，一些大件的商品或者一些易碎类商品。在包装说明模块用图文清晰地说明包装的过程和细节，可以使顾客更加放心地进行购买，早做购买决定。

8. 其他

其他例如服务保障、会员规则、品牌文化等内容也可以在商品描述的末尾进行介绍。这些有助于增加顾客对店铺的了解和信任。

图 3-13　商品的包装说明

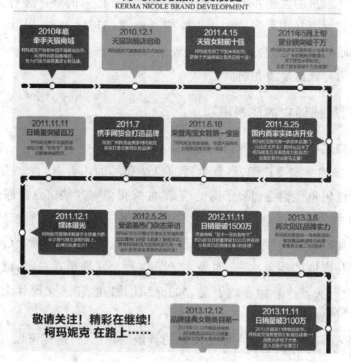

图 3-14　商品的品牌文化

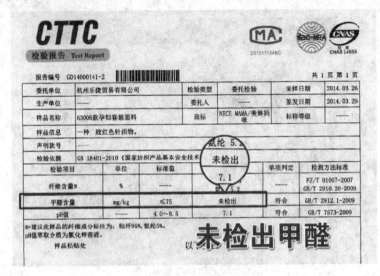

图 3-15　商品的安全保障

以上这些信息的描述并不一定要完全按照这种排列的顺序进行介绍，卖家可以根据自己的需要和想要强调的重点来安排顺序，但是一般来说，促销信息一定要在比较显眼的位置，因为这些信息是吸引顾客的一个关键内容。只要记住，顾客越关心的内容就越要放在前面。

（二）商品描述中的注意事项

在商品描述中我们要注意以下的几点：

1. 商品描述一定要详细、尽量全面的概括商品的内容、属性。卖家最好多站在顾客的角度想象他们会想要了解的信息，如果可以将这些信息全部列出来。

2. 商品描述应该尽量使用文字＋图像＋表格三种形式，这样更方便顾客了解商品。另外这些信息的罗列不能太杂乱，要简明扼要、脉络清晰。清晰有美感的描述界面也是店铺的特点之一，如果文字图片一大堆堆积在一起，就算内容再详尽，相信也没有买家愿意耐心地看完你的介绍。因此，在图文设计上最好能够显得专业一些，做好美工和视觉设计的工作。

3. 在商品描述界面可以关联上本店的其他关联产品，这样可以有效增加顾客的点击率和客单量。

图 3-16　有效关联其他商品

4. 在描述中突出自己的优势和特点。你的产品与其他商家的同类产品有何区别？这是顾客非常关心的问题。因此卖家有必要在描述中增加类似的模块进行介绍。例如，告知本店是该产品的代理商甚至是唯一代理商、本店商品已经获得万名客户认证、本店商品是独家设计师设计等。

图 3-17　商品优势分析

5. 可以在商品描述的末尾注明卖家的相关信息，例如卖家联系方式、厂家生产过程说明、线下店铺说明等。

以上这些注意事项都是为了一个目的，就是让顾客在众多的网店商铺中找到你的商品后，能够停留并完成购买。

你能自己在各购物网站上找到一些优秀的商品描述的例子吗？说一说这些商品描述都包含了什么信息？

四、发布商品

发布商品的过程其实与商品描述的过程是一体的。在商品发布过程中就需要对商品进行各种描述。按照流程完成之后就完成了商品的发布。目前各大 C2C 的电子商务平台的商品发布的流程比较一致。有的平台还会提供多种形式的发布方式。例如,淘宝提供了一口价的方式、拍卖的方式、淘宝助理的方式以及团购的方式来发布商品。这些发布流程都比较简单,按照相应的流程进行操作即可。下面就以 ECSS 实训平台为例,展示一下商品发布的流程。

第一步:确定商品的分类。点击"我是卖家"中的"分类管理",出现如下界面,填写分类信息。

图 3-18 ECSS 分类管理界面

一级一级进行分类管理,完成之后会出现类似如下的界面。

图 3-19 分类展示界面

第二步,点击"我是卖家"中的"配送方式管理",点击"新增配送方式"出现如下界面:

图 3-20　设置配送方式界面

填写信息完成之后，会显示如下配送方式列表界面：

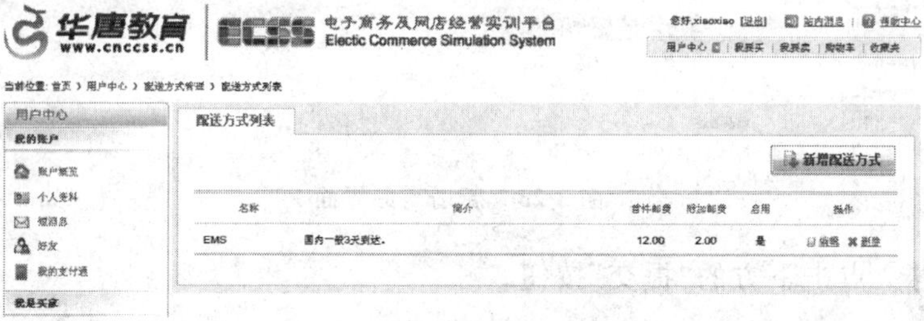

图 3-21　配送方式界面展示

第三步，点击"我是卖家"中的"商品管理"，出现如下界面：

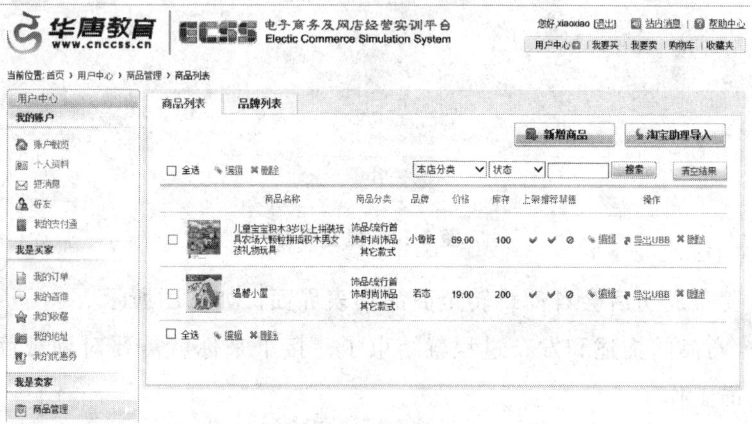

图 3-22　商品管理界面

第四步,点击右上角的"新增商品"按钮,出现如下界面。填写商品分类信息、商品基本信息并对商品进行描述(需要上传商品图片)。

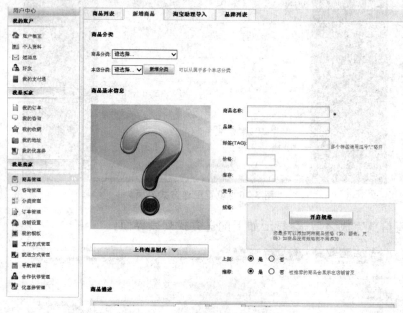

图 3-23　新增商品界面

第五步,点击下方的"提交"按钮。

图 3-24　提交界面

商品发布成功后会自动跳转至商品列表界面。如下图所示。

至此,商品的描述和发布过程就结束了。接下来你就需要对满载商品的店铺做一些装饰工作了。

项目三 装饰网络店铺

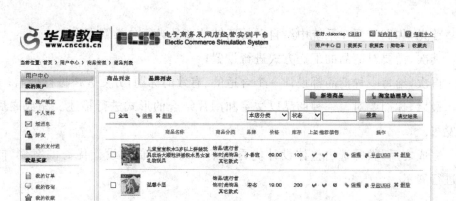

图 3-25 商品发布后界面

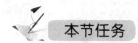

任务背景

你和你的同桌合伙开了一家小饰品网店，主营女性饰品，包括头饰饰品、首饰饰品及其他饰品类型。现在你们的店铺已经开设了，但是还没有进行商品发布。接下来，你们要开始对每一件商品进行描述和发布。你需要在ECSS系统中开设一个小饰品网店，并对商品进行分类。

任务要求

请每两人一组在ECSS模拟实训系统中建立一个小饰品网店，至少将每一种类型的商品发布一件商品到店铺中进行销售。

首先,你们需要在系统中给自己的店铺的商品进行分类管理;

其次,需要对商品的配送方式进行设置;

再次,给每一种商品都设计一个合适的、有效的标题,方便客户进行搜索;

最后,你们要对每一种商品以文字和图片结合的形式进行描述。完成之后进行发布。

完成之后,教师选出整体设计优秀的案例以及各部分设计优秀的案例,向全班进行展示。

 课后思考与练习

1. 名词解释

商品关键词　商品描述　商品发布

2. 简答题

(1) 你能简单陈述商品描述的基本步骤吗?

(2) 简单介绍编辑商品标题时有哪些技巧需要注意?

(3) 请自己在各电子商务网站中搜索一些优秀的和失败的商品描述的案例,并向全班进行展示。

任务 2　设置店铺版面

☼ 任务目标

1. 了解网店页面的主要模块及其相应的功能；
2. 了解店铺版面设置的主要方法和流程；
3. 能熟练使用版面设计工具进行店铺版面的设计；
4. 能根据不同的要求和目的设计不同的店铺版面。

☼ 知识储备

所谓网店装修，就是将原本平淡无奇的页面通过各种图片、动画、文字等元素进行美化，从而使网店变得更生动、形象。网店装修最主要的内容就是进行店铺的版面设置。版面设置就是对店铺的主要版块进行设计。一般来说，需要经过下面的几个过程。

一、确定店铺的整体装修风格

作为店主，自己所开店铺的主营项目肯定是熟悉的，因此可以根据店铺的主营项目决定装修的风格，比如店铺是卖儿童玩具的，如果使用过于稳重的风格，显然是不太适合的，你可以选择可爱、活泼、卡通一点的风格，如图3-26所示。

同一种商品也可以有不同的装修风格，比如首饰珠宝店，就可以有高贵、稳重、时尚、简约等多种装修风格，你可以根据自己的喜好进行选择，如图3-27、图3-28所示。

图 3-26 儿童玩具店整体装修风格

图 3-27 珠宝首饰店整体装修风格案例 1

图 3-28 珠宝首饰店整体装修风格案例 2

店铺装修需要依靠很多图片素材完成，因此，在确立好装修风格之后，我们就要开始寻找适合的素材。我们可以在网络中搜集素材，方法非常灵活，比如在搜索引擎里面输入"素材"两字然后进行搜索。从搜索结果中选择相应的素材网站，如图 3-29 所示。

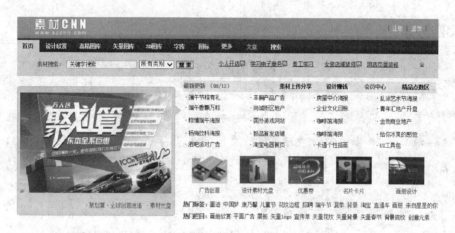

图 3-29　素材的搜索

找到合适的素材后，可以将图片素材存储到自己电脑中，并进行分类整理，方便以后使用。

课 堂 讨 论

如果你有一家玩具店，你会将其装修成什么风格呢？讨论一下。

二、确定店铺的主色调

确定了自己的风格并寻找好或者制作好相关素材之后，就要开始确定自己店铺的主色调。色彩心理学家认为，不同的颜色会对人的情绪和心理产生不一样的影响，红、黄、橙等暖色系能够使人感觉温暖，心情舒畅；而青、灰、绿等冷色系容易使人感到清净自然。白、黑色是视觉的两个极点，一般认为黑色会使人分散注意力，并产生郁闷、乏味的感觉；白色有素洁感，但是由于其对比度太强，久看也容易使人头痛不已。

不同的产品要设计不同的店铺主色调才能突出产品的特色。例如服装店比较适合选择黑、白、灰的主色调，这样的主色调能够衬托出各种商品的颜色，突出服装的特色。如果是开一家装饰品店铺,可以选择粉红、粉蓝等柔和又可爱的颜色作为店铺版面的主色调。一般来说最好用同一种感觉的色彩,例如,淡蓝色、淡黄色、淡绿色;或者土黄色、土灰色、土蓝色。同一色系的配色要领是,只要保证亮度不变,色相可以任意调节,这样就可以调出同一种感觉的色彩了。

案例分享

神奇的色彩营销

成功案例1:健力宝集团爆果汽饮料上市之时,打破传统饮品用色,针对目标消费群大胆定位,采用黑色个性包装在超市的陈列架上,黑色的包装在众多的红绿蓝色包装中煞是扎眼,一经推出就吸引了不少消费者的眼球,暂且不说爆果汽的口感及后来命运如何,它的色彩策略在上市之初尝足了成功的快感。

成功案例2:曾有一家咖啡店位于闹市,服务优质,咖啡味道纯正,但生意一直不好,后来老板对店内装饰稍加改动:把店门和墙壁涂成绿色,桌椅涂成红色,店内进行合理的色彩区隔,结果顾客大增,原因就在于:恬静的绿色属冷色调,具有镇静作用,诱使人们前来小憩;而红色易使人兴奋,使人们喝完咖啡后心情愉悦地离去,这家著名的咖啡馆就是今天遍布全球的星巴克咖啡馆。

成功案例3:LG公司推出巧克力手机产品,就是LG公司通过长年对中国消费者调研分析的基础上推出的个性产品,其营销策略是巧克力手机,红与黑色彩的搭配产生了巨大的视觉冲击力,这种强大的色彩差异让消费者在第一眼看到它时就产生怦然心动的感觉,这种怦然心动当然会促使消费者将巧克力带回家。

成功案例4:可口可乐的包装,虽然在图案上不断变化,但是其主打色——红色却一直未变。红色是青年人的色彩,是运动的色彩,也是可口可乐公司永葆朝气的象征;柯达公司采用代表希望喜悦和思念的黄色与红色形象来满足消费者的好色之心。可口可乐的红色包装,IBM的蓝色巨人集众多的品牌企业正是通过坚定不移地传播自己的代表色来建立品牌印象,积淀品牌价值。

在配色中,还要记住一些基本技巧。

（1）不要将所有颜色都用到，尽量控制在三种色彩以内。例如，下面的网店就是一个不好的例子（如图 3-30 所示），看上去显得杂乱无章，没有美感。

图 3-30　店铺颜色太乱

（2）背景和文字的对比要尽量大，绝对不要用花纹繁复的图案作背景，也不要用和背景色一致的颜色标注文字，以便突出主要文字内容。下面也是一个不好的例子，看起来文字非常不清晰，无法勾起客户点击浏览的欲望。

图 3-31　背景和文字的对比不明显

（3）网页最常用的流行色

蓝色——蓝天白云，沉静整洁的颜色；

绿色——绿白相间，雅致而有生气；

橙色——活泼热烈，标准商业色调；

暗红——凝重、严肃、高贵，需要配黑和灰来压制刺激的红色。

（4）颜色搭配的忌讳

忌脏——背景与文字内容对比不强烈，灰暗的背景令人沮丧；

忌纯——艳丽的纯色对人的刺激太强烈，缺乏内涵；

忌跳——再好看的颜色，也不能脱离整体；

忌花——要有一种主色贯穿其中，主色并不是占面积最大的颜色，而是最重要，最能揭示和反映主题的颜色，就像领导者一样，虽然在人数上居少数，但起着决定作用。

下面几张是比较优秀的颜色搭配的案例（如图 3-32、图 3-33 所示）。

图 3-32　整体色调搭配优秀案例 1

图 3-33　整体色调搭配优秀案例 2

（5）几种常用的固定搭配

蓝白橙——蓝为主调。白底，蓝标题栏，橙色按钮或 ICON 图标做点缀。

绿白兰——绿为主调。白底，绿标题栏，蓝色或橙色按钮或 ICON 图标做点缀。

橙白红——橙为主调。白底，橙标题栏，暗红或橘红色按钮或 ICON 图标做点缀。

暗红黑——暗红主调。黑或灰底，暗红标题栏，文字内容背景为浅灰色。

三、店铺首页设计

确定了店铺的主色调之后，就要开始对店铺的各个版块进行设计了。一般在各大电子商务平台开网店的话，网站会提供一些网店的装修模板。例如，在淘宝网开网店，开店申请通过后，可以在淘宝网店铺管理平台中找到"店铺装修"版块，里面可以进行多项店铺设置，主要包括基本设置、风格设置、添加版块、宝贝页面设置、导入/导出，按照从左到右的选项一步一步来，非常简单。但是只是依靠模板的话未免无法突出自己的店铺特色，无法让人对你的店铺印象深刻。因此，我们也要自己对店铺的版面进行个性设计，这里我们先说如何对店铺首页进行设计。

店铺的首页布局也就如同一个商店的内部结构布置了,有些店铺商品错落有序,店铺介绍、店铺活动醒目而大方,商品分类清晰、明了,立即给进入商店的消费者一种轻松、便捷、愉快的购物心情。一般来说,店铺首页的设计要考虑下面的几个模块。

1. 店招设计

店招也就是招牌,也就是我们进入店铺时候第一眼看到的门脸,对我们做设计的来说就是一个Banner,它位于店铺的最上方,同时还会在详情描述页、分类页、内页显示,可以说是网店店铺中曝光度最高的部分,它的重要性自然是不言而喻的。那么,这么重要的位置我们该如何设计,更好地利用它的价值呢?其实店招的设计要求就是简单、明了迎合整店的风格,需要传播的内容主要包括:店名、品牌(LOGO)等权重元素,让客人知道你是卖什么的、品牌元素是什么、有什么独有的权重,总体上来看这部分的设计主要属于形象设计,切忌面面俱到、本末倒置,很多店家把店内的活动、店内的推荐商品、个人喜好的元素、图片全都放进来,乍看上去活像个万花筒。这么小的Banner放置这么多的内容就失去了它形象门脸的作用了,视觉上杂乱不堪、信息上多而杂又没有重点,形象宣传更是无从谈起。店招设计优秀案例如图3-34所示,店招设计失败案例如图3-35所示。

图3-34 店招设计优秀案例

图3-35 店招设计失败案例

2. 导航设计

网店导航就是店铺附带的商品及店铺信息,这些信息包括品牌介绍、店铺介绍、售后服务、特惠活动等,导航的设置根据自身实际情况而定,不是越多越好,而是结合自己店铺的运营,选取对自己店铺经营有帮助、相对竞争对手有优势的内容以及属于自己独有的店铺介绍、店铺文化的内容。导航内页在店铺运营中可以看作是"杀手锏",导航在首页布局所占的比例并不大,但是它所附带传播的信息对于塑造店铺的个性化形象至关重要。导航设计成功案例如图 3-36 所示,导航设计失败案例如图 3-37 所示。

图 3-36　导航设计成功案例

图 3-37　导航设计失败案例

3. 首页海报

从结构上来看,目前海报的设置主要分为首屏的形象巨幅、展示模块之间的商品推荐海报。单张的海报设计,我们可以无拘无束,只要适合你的产品,完全表达出你所希望传达的内容即可,但是在网店中的海报设计必须结合首页整体的设计风格——将店铺的色彩、艺术风格等融为一体,充分地表现设计的整体性。因此,设计一张海报的人我们称其为设计或者美工,协调好整体页面的设计我们才称呼其为设计师。海报设计成功案例如图 3-38 所示,海报设计失败案例如图 3-39 所示。

4. 活动模块

店铺的活动模块,是店家时效的营销活动的视觉展示部分,是吸引消费者的

图 3-38　海报设计成功案例

图 3-39　海报设计失败案例

重要因素之一。活动模块设置结构是否合理、视觉设计是否可以吸引入店的潜在消费者,这些店铺活动的内容及视觉效果将在消费者后续浏览商品的时候发挥巨大作用。往往消费者在购买同类商品过程中会因为店铺的活动以及喜好的视觉效果而做出最终决定。活动设计成功案例如图 3-40 所示,活动设计失败案例如图 3-41所示。

图 3-40　活动设计成功案例

图 3-41　活动设计失败案例

5. 商品展示

我们在店铺首页上所能看到的商品都是通过各种展示形式得以实现的。其中,最简单的方式就是网站自身商品展示系统,就是店主自己常用的自定义选择,比如淘宝,一个区展示 8 个或者 16 个。当然这个是最简单也是最基本的方式,人人都会用。但是这样的展示方式既不直观、也不美观,更无从谈突出重点,店铺里会有一些商品是店家的主推宝贝,这些商品或者因为品质好、包装好、店家利润空间大等因素被店家定位为店里的主推商品,那么我们就该琢磨用什么样的方式在店里把这些商品展现出来。因此,我们需要设计商品的展示模块,这样的模块可以是几张大幅的海报,也可以是一组各式各样结构的展示架构,最终它以什么样的方式在消费者眼前展现出来将由设计师的创意实现。一般的商品展示如图 3-42 所示,优秀的商品展示如图 3-43 所示。

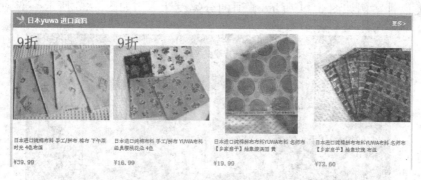

图 3-42　一般的商品展示

图 3-43　优秀的商品展示

6. 分类模块

店铺内的商品大多都是有分类的，尤其适用店铺中商品比较多的店铺，我们平常最简单的方式就是在淘宝店铺后台分类管理里简单录入写下分类名称。这样首页就可以通过文字的形式把店铺中的分类展示出来了。它可以起到分类的作用，但是同样是既不美观也不直观，很难与店铺的整体设计融合，我们完全可以通过各种平面视觉的手法去装饰它、美化它，使之完美地与店铺融为一体。优秀的分类设计案例如图3-44所示，普通的分类设计案例如图3-35所示。

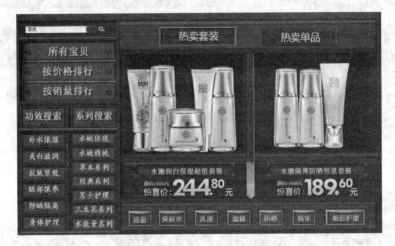

图3-44　优秀的分类设计案例

图3-45　普通的分类设计案例

以上这些版面的设计需要结合美工技巧进行，否则即便有再好的想法也无法设计出优秀的店铺版面。在此只介绍设置店铺版面的主要方法和理念，具体的设计技巧详见相关教材的相应内容。

另外，店铺的版面设置其实还包括了商品的介绍页面的设计，这部分内容将在任务4中进行详细介绍，在此不再赘述。

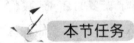

任务背景

你和你的同桌合伙开了一家箱包网店，主营真皮女士手提包和钱包，价格一般都在200元以上。但是你们的营业业绩并不好。你们咨询了一个网店专家，他看了你们的网店版面之后告诉你们,你们的网店设计太没有特色了,颜色全部都是以白色为底色,色彩太单一,无法吸引客户,而且网店的首页设计也很简单,没有突出的地方。因此,他建议你们重新装饰一下自己的网店版面,打造一个有自己特色的箱包店。

任务要求

请每两人一组在 ECSS 模拟实训系统中建立一个箱包网店,并设计自己的店铺版面。

首先,你们需要给自己的网店取一个名称;其次,用简单的文字描述风格内容,填写在下面的装修设计表格中;最后,根据表格内容来设计自己的店铺版面。

店铺整体装修风格		主色调	
店标设计		导航设计	
海报设计		活动设计	
商品展示设计		分类设计	

注:ECSS 实训系统中的店铺活动、海报等都可以在"店铺设置"中的"店铺介绍"中进行。

完成之后,教师选出整体设计优秀的案例以及各部分设计优秀的案例,向全班进行展示。

课后思考与练习

1. 你能陈述店铺版面设计有哪些方面吗?各方面需要注意哪些内容?

2. 请自己在各电子商务网站中搜索一些优秀的和失败的店铺版面设计的案例,并向全班展示。

任务 3　制作和发布店铺动态店标

☼ 任务目标

1. 了解店标的含义及其功能；
2. 了解网店动态店标的制作方法和制作流程；
3. 熟练使用 PHOTOSHOP 和 Ulead GIF Animator 软件进行动态店标的制作；
4. 能根据不同的要求和目的设计不同的动态店标。

☼ 知识储备

一、了解店标及其功能

店标是店铺的标志，在网络店铺中主要以两种形态表现：静态图像和动态图像。各个网站的店标设计规格不一样，例如淘宝规定店标的尺寸为 100×100 像素，仅支持 GIF 和 JPG，因此店标图片大小建议限制在 80KB 以内，如图 3-46 所示，为一些店标的设计效果。

图 3-46　漂亮的店标案例

店标是普通店铺的"脸面"，能够代表店铺的基本形象，好的店标可以吸引更多客流，因此店标的设计是非常重要的。店标不光具有识别作用，也是让顾客简单了解店铺的小窗口。设计一个好的店标，首先必须了解店铺产品属于什么行业，根据产品所属行业，通过输入关键字在网站上找到相关的素材，然后从颜色、图案、字体、动画等方面着手，在符合店铺类型的基础上，使用醒目的颜色、独特的图案、精心设计的字体，以及强烈的动画效果都可以给人留下深刻的印象。在淘宝网上，店标会出现在以下位置。

1. 店标显示在普通店铺首页的左上角，如图 3-47 所示。

图 3-47　店标位置显示 1

2. 店标显示在店铺列表左侧，这里的尺寸可能会与前面的尺寸有区别，例如，淘宝为 80×80 像素，系统会自动将原图显示为适合的尺寸，如图 3-48 所示。

图 3-48　店标位置显示 2

说一说动态店标有什么特点和优势？

二、设计动态店标

静态店标比较容易，一般直接在素材库下载素材之后用相应的图像处理软件处理成想要的图形即可。相对而言，设计动态店标难度较大。

在设计动态店标之前需要收集一些需要的素材，还要将这些素材进行修改，并将其像素和尺寸设置成要求的大小。修改和调整图像尺寸的图像处理软件有很多,例如 PHOTOSHOP、美图秀秀等。下面以美图秀秀为例做说明。

(一)为素材添加文字

第一步,首先用美图秀秀打开要处理的素材图片(如图 3-49 所示)。

图 3-49　打开素材

第二步,点击上方的文字按钮,出现下方的界面(如图 3-50 所示)。

第三步,点击输入文字按钮,出现"文字编辑框"。在文字编辑框中输入你需要添加的文字,如店名、欢迎光临之类的。然后对文字的字体、颜色、大小进行编辑。设置完成之后点击"应用"按钮(如图 3-51 所示)。

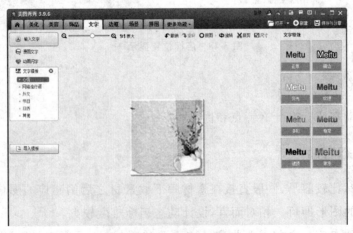

图 3-50　添加文字

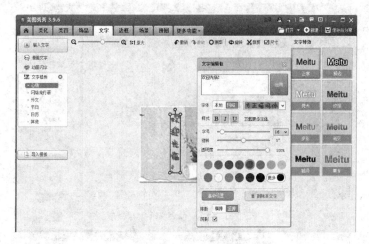

图 3-51　文字编辑框

第四步,将文字调整到你需要放置的位置,点击保存即可(如图 3-52 所示)。

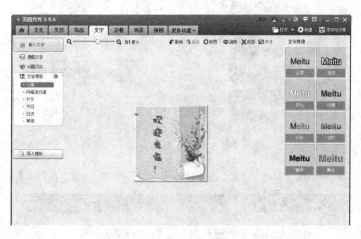

图 3-52　保存素材

(二)设计素材尺寸

第一步,首先用美图秀秀打开要处理的素材图片(如图 3-53 所示)。

第二步,点击右上角的裁剪按钮,将高度和宽度设置成规定的尺寸。并在"锁定裁剪尺寸"前画勾。确定尺寸后再选择需要裁剪的图形模块,完成裁剪(如图 3-54所示)。

图 3-53　打开素材

图 3-54　裁剪图片

第三步,保存裁剪后的素材(如图 3-55 所示)。

图 3-55　保存素材

（三）制作动态店标

动态店标需要使用制作 GIF 动画的软件，这类软件有很多种，Ulead GIF Animator 就是其中一款专业的 GIF 动画制作软件，Ulead GIF Animator 由友立公司出版，内有许多现成的特效可以立即套用，而且还能将动画 GIF 图片最佳化，能将放在网页上的动画 GIF 图片减肥，以便让人能够更快速地浏览网页，该软件可以到各大下载网站下载试用，界面如图 3-56 所示。

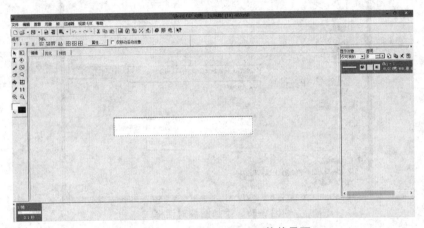

图 3-56　Ulead GIF Animator 软件界面

第一步，在文件下拉框中单击"新建"按钮出现下面的对话框，将高度和宽度都设置为需要的大小尺寸（如图 3-57 所示）。

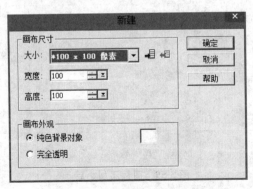

图 3-57　新建对话框

第二步，在文件下拉单中点击"添加图像"按钮，选择需要添加的已经制作好的静态图片,即你之前保存好的素材(如图3-58所示)。

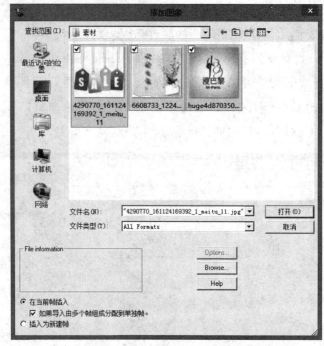

图 3-58　添加图像对话框

第三步,添加完成图片之后会出现下面的对话框(如图3-59所示)。

图 3-59　图片添加之后

第四步,在软件下方的帧面板的空白区域中单击鼠标右键,从弹出的菜单中选择【添加帧】命令,如图3-60所示。一般需要几幅图就需要有几个帧。

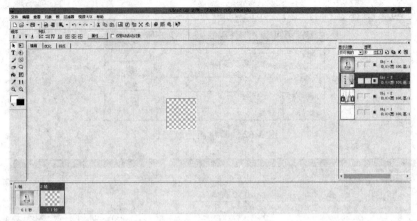

图 3-60　添加空白帧

第五步,在右边的"对象管理器"面板中单击需要显示的图片缩略图后面的方框图标,其图标变为眼睛形态,表示显示该图层,如图 3-61 所示。

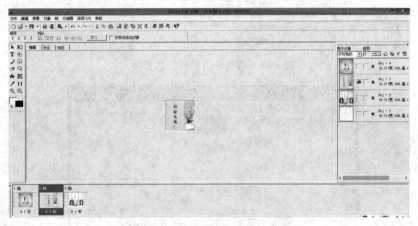

图 3-61　将需要的图层显示出来

第六步,此时,三幅图就已经可以完成一个动态图标了,但是系统默认的每幅图显示的时间只有 0.1 秒,这个速度一般比较快,可以单击下面的每幅图,单击右键选择"画面帧属性",将延迟时间设置成想要的数字(如图 3-62 所示)。

点击确定之后就出现下面的界面,此时点击预览就可以查看预览的动态图标了(如图 3-63 所示)。

如果此时对动态图标还不满意,还可以继续进行修改。如果已经满意,就可以进行保存了。单击"文件"按钮中的"另存为",将格式选择为 GIF 格式,按确定之后一个动态图标就保存好了(如图 3-64 所示)。

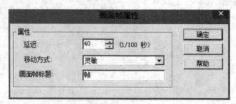

图 3-62　调整画面帧属性

图 3-63　调整延迟时间后的界面

图 3-64　保存店标

三、发布店标

如何将制作好的店标发布到店铺网站上呢？以淘宝为例，登录淘宝店铺，单击"我是卖家"超链接，在左侧的"店铺管理"列表中单击"店铺基本设置"超链接，进入店铺基本设置窗口，在"淘宝店铺"中可以设置店铺名、店铺类别、主营项目、店铺介绍等内容，在下面"店标"区域单击【更换店标】按钮，如图 3-65 所示。

图 3-65　更换店标

打开"更换店标"对话框，单击"浏览"按钮，在打开的"选择要加载的文件"对话框中选中制好的店标图片，单击【打开】按钮后图片路径显示在"更换店标"文本框中，此时单击【确定】按钮，返回"淘宝店铺"区域，店标图片就会显示出来。

至此，动态店标的制作和发布就完成了，同学们，你们学会了吗？

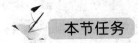
本节任务

任务背景

在上一个任务中你们建立了自己的箱包网店并进行了一些简单的装饰。你们根据建议装饰完成自己的店铺版面之后，发现还是不够精美。那位专家又告诉你们，你们最好制作一个动态的店标，这样店铺的视觉效果会更好，也更容易让客户记住你们的店铺。于是,你们开始思考如何设计店标了。

任务要求

上个任务中你们已经建立了自己的箱包店,并对店面进行了一些装饰。现在仍然每两人一组在 ECSS 模拟实训系统中对自己的店铺继续进行装饰,本次需要设计一个精美的箱包店铺的店标。要求店标中要有店铺名称的信息,要由至少两个素材组成。为此你们需要做下面的工作。

1. 上网搜索素材;
2. 用图形处理软件设计文字素材;
3. 用图形设计软件对设计和搜索好的素材进行编辑,制作成动态店标;
4. 将动态店标添加到你的店铺中去。

完成之后,教师选出店标设计优秀的案例,向全班进行展示。

 课后思考与练习

1. 你能说出店标和图标的区别吗?你能说明静态店标和动态店标的区别吗?
2. 请简述动态店标的制作过程有哪几步?
3. 请自己在各电子商务网站中搜索一些优秀的静态店标和动态店标设计案例,并向全班展示。

任务 4　制作与发布店铺公告

☼ 任务目标

1. 了解店铺公告的三种制作方法；
2. 了解店铺文字公告、图片公告的制作流程；
3. 能熟练使用图形制作工具进行店铺公告图片的设计和发布；
4. 能根据不同的要求和目的设计不同的店铺公告。

☼ 知识储备

一、了解店铺公告

店铺公告信息是用来显示店铺的动态信息、商品促销、服务信息等内容的，店主可以随时发布滚动的文字信息，也可以通过网页代码发布图文配合的公告信息，让公告栏更清晰、美观，并且可以加入动画让效果更加醒目。这是宣传推广最新发布的新产品，公告店铺最新促销信息，发布重要通知的好工具。店铺公告的位置一般显示在店面首页导航下方或者商品陈列的上方比较显眼的位置，如图 3-66、图 3-67 所示。

图 3-66　公告位置显示 1

图 3-67　公告位置显示 2

公告应该言简意赅，显示最重要的信息，尤其要公布商品促销信息。因为公告大多是滚动显示，如果文字太多、滚动速度慢的话，买家可能觉得累赘而没有耐心看下去。

默认情况下，一般的店铺公告中的文字都是黑色的宋体字，可以通过编辑器的方式来对公告文字的字体、字号、颜色等进行设置。拿淘宝来举例，进入"我的淘宝"，然后单击"我是卖家"→"管理我的店铺"，在接下来的页面中，单击"基本设置"进入基本设置页面，在"公告"栏中输入公告的内容。同时，可以通过工具栏各按钮，为公告添上背景图片，设置一下公告字体大小、颜色、字体、样式等信息。

通过简装虽然可以达到公告的效果，但是形式呆板，千篇一律，仅适合新手，如果想让自己的公告栏更加美观、漂亮、彰显个性，那么就需要开动脑筋，对公告栏来次精装修了。

除了简单的文字公告形式外，一般网站还支持使用图片形式的公告，就是将公告制作成一张图片，而图片可以使用 Photoshop 这类图像处理软件制作。因此，可以制作很多漂亮的效果，如图 3-68 所示。

图 3-68　与图片结合的公告

二、制作店铺图片公告

如何制作一个动态的、美观的图片形式的公告呢？

第一步：从网上收集需要的图片素材，在 Photoshop 软件中打开，如图 3-69 所示。注意如果素材的尺寸不合适需要提前修改尺寸。

图 3-69　打开素材

第二步：单击工具箱中【横排文字工具】按钮，在图片中单击，并输入文字，如图 3-70 所示。

图 3-70　输入文字

第三步，拖动鼠标选中文字，在"选项"面板或"字符"面板中设置文字字体为"汉仪秀英体简"，字体大小为"30 点"，字体颜色为"ff0076"，如图 3-71 所1示。

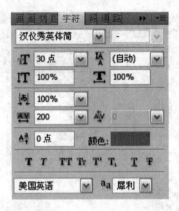

图 3-71　设置文字字体

第四步，打开"图层"面板，选择文字所在图层，单击面板下方的【添加图层样式】按钮，从弹出的菜单中选择【描边】命令，如图 3-72 所示。

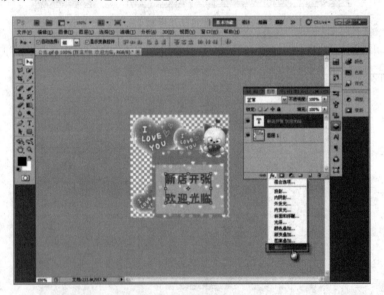

图 3-72　选择描边

第五步，打开"图层样式"对话框，设置描边大小为 3 个像素，颜色为黄色，如图 3-73 所示。

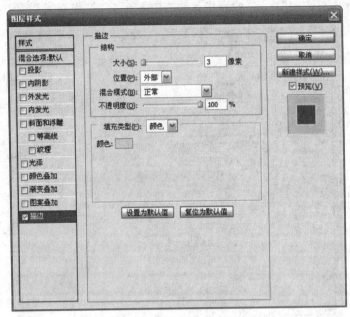

图 3-73 设置描边

第六步，在左侧"样式"列表中选择"阴影"样式，设置参数如图 3-74 所示。

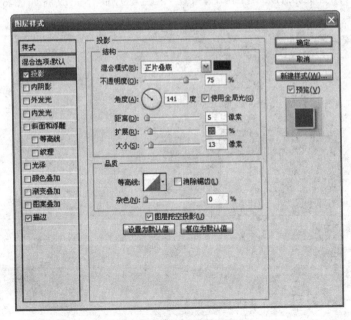

图 3-74 设置阴影参数

第七步，在左侧的"样式"列表中选择"内发光"样式，设置参数如图 3-75 所示。

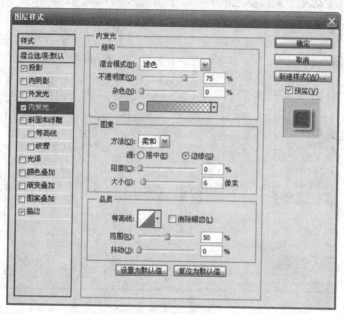

图 3-75　设置内发光

第八步，设置完成后单击【确定】按钮，公告图片制作完成后如图 3-76 所示。

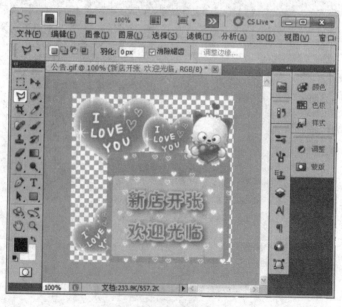

图 3-76　完成公告制作

第九步,选择菜单【文件】|【存储】命令,将文件保存为 PSD 格式,以便于以后修改。然后选择菜单【文件】|【存储为 Web 和设备所用格式】命令,如图 3-77 所示。

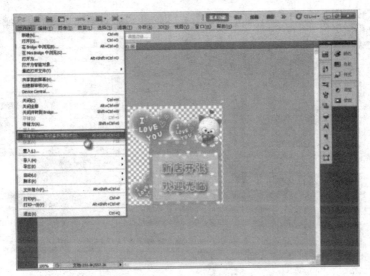

图 3-77　存储为 Web 和设备所用格式

第十步,打开"存储为 Web 和设备所有格式"对话框,在对话框中选择优化的文件格式为"GIF",如图 3-78 所示。

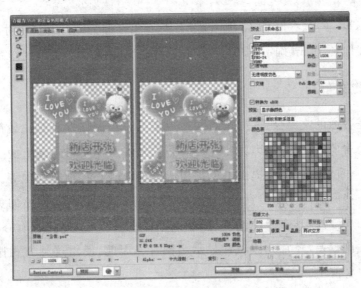

图 3-78　设置文件格式为"GIF"

第十一步，勾选"透明度"复选框，在"颜色"右侧的下拉菜单中选择"128"选项，使图片在保证清晰的状态下占用最小的空间，提高浏览速度，如图3-79所示。

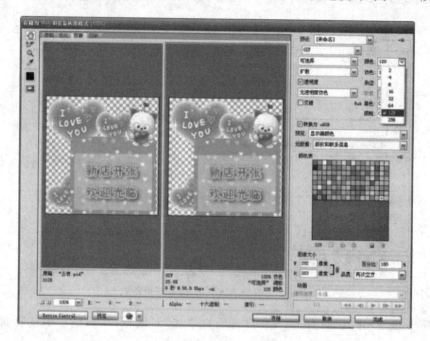

图3-79　设置透明度和颜色

第十二步，单击【存储】按钮，弹出"将优化结果存储为"对话框，在对话框中输入要保存的文件名，单击【确定】按钮，将图片保存。至此，动态公告就制作完成了。

三、公告的发布

如果是普通的文字公告，则按照网站规定的流程制作发布是比较简单的。图片形式的公告要复杂一些，因为在此之前需要先将图片发布到网上的一些免费的相册空间中，目前很多网站提供了免费相册服务，如网易、雅虎中国等。这样我们就可以将一些商品图片上传到免费相册中进行存储，但是这些网站的免费相册空间有一定的局限性，其本身拒绝外链图片，对于图片大小、格式也有一定的限制，而且稳定性比较差，经常无法正常显示出图片。因此，使用这种方式比较适合初开网店的人群使用。

现在很多C2C电子商务平台本身就提供了一定的图片空间，如果图片数量不是很大,可以考虑使用平台的图片相册。以淘宝为例,具体操作步骤如下。

1. 以会员身份登录淘宝,打开店铺的基本设置,单击【我是卖家】按钮,进入店铺基本设置页面。单击"图片空间"超链接,进入图片上传页面,如图 3-80 所示。

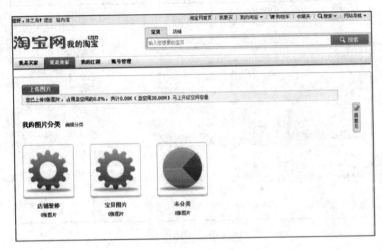

图 3-80　图片上传页面

2. 单击"上传图片"选项卡,在打开的页面中单击【添加图片】按钮,如图 3-81 所示。

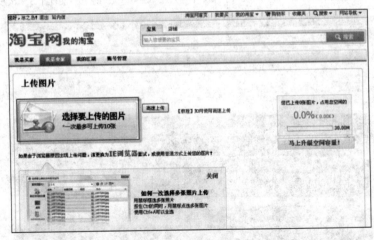

图 3-81　添加图片

3. 在弹出的【添加图片】对话框中选择要上传的图片,单击【打开】按钮。在打开的"上传图片"对话框中单击【立即上传】按钮,即可将图片上传至淘宝图片空间中,如图 3-82 所示。如果需要添加其他的图片,可以单击【还要加图片】按钮,从而再次选择新的图片。

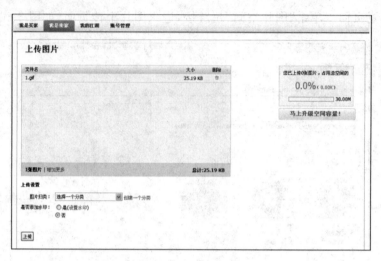

图 3-82　上传图片

图片上传到网上后,就可以在店铺中应用图片公告了,操作步骤如下。

1. 登录到"我的淘宝",单击"店铺管理"列表中的"店铺装修"超链接。打开"店铺装修"页面窗口,在"店铺公告"区中单击"编辑"超链接,如图 3-83 所示。

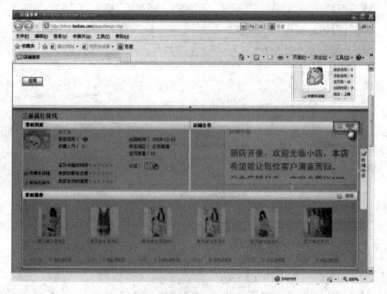

图 3-83　打开店铺公告的编辑页面

2. 打开"店铺公告设置"窗口，如图 3-84 所示。

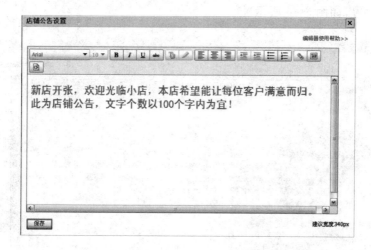

图 3-84　打开店铺公告设置

3. 删除文字内容，将光标移至需要插入图片的位置，单击【图片】按钮，打开"图片设置"对话框，在"地址"文本框中输入图片保存的路径，尺寸会自动显示为图片的原始大小，如图 3-85 所示。

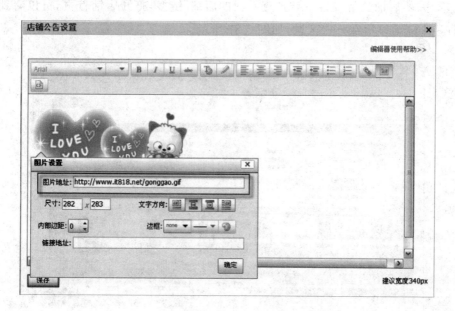

图 3-85　输入图片地址

4. 单击【确定】按钮,即可将图片插入在公告栏中,单击【保存】按钮,完成店铺公告内容设置,如图 3-86 所示。

图 3-86　完成公告上传

5. 关闭店铺公告设置,单击"查看我的店铺"链接,打开店铺首页,可以看到添加的图片滚动显示在公告区域,如图 3-87 所示。

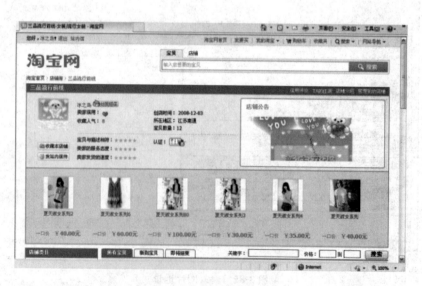

图 3-87　查看店铺公告

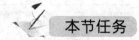 **本节任务**

任务背景

在上一个任务中你们为自己的箱包店制作了动态的店标并进行了发布,随着你们的店铺装饰得越来越精巧,你们的销售额也在不断地上升。还有半个月就是国庆节了,你们打算做一次促销活动。活动的信息如下:

活动时间:2014年10月1日—10日

活动方式:买满包邮及部分商品特价促销

活动内容

① 全国区域购满300全场包邮(西藏、内蒙、新疆、港澳台地区除外);

② 部分新品7折销售;

③ 部分积压商品5折销售。

任务要求

每两人一组在ECSS模拟实训系统中对自己的箱包店铺发布促销的公告,要求有文字和图片且公告中要包含背景中的促销信息。

注:ECSS中发布公告是在"店铺设置"页面的"店铺简介"中直接将公告图片插入到合适的页面即可。

完成之后,教师选出公告设计优秀的案例,向全班进行展示。

 课后思考与练习

1. 你能说出店标和图标的区别吗?你能说明静态店标和动态店标的区别吗?

2. 请简述动态店标的制作过程有哪几步?

3. 请自己在各电子商务网站中搜索一些优秀的静态店标和动态店标设计的案例,并向全班展示。

项目实训　装饰儿童玩具网店

☼ 实训目标

通过本次实训,能够达到以下目标。

1. 能够描述并发布商品;
2. 能够对商品版面的各个模块进行设计;
3. 能够制作并发布动态店标;
4. 能够制作并发布店铺公告。

☼ 项目背景

你和同伴们已经合作在 ECSS 实训平台开设了自己的儿童玩具网店,也找到了合适的进货渠道。接下来你们想开始正式运营你们的店铺了。但是你们发现自己的店铺完全是个空壳,不仅没有商品,而且版面也是一片空白。看看同样销售儿童玩具的其他卖家都获益丰厚,你们知道一定要抓紧时间让自己的店铺正式运营起来。于是你们规划好了下一步的工作。

- 你们需要描述并发布自己的商品;
- 你们需要设置自己的网页版面;
- 你们要给自己的店铺设计一个好看的店标;
- 你们要在首页上发布一个简单的公告。

☼ 实训任务

1. 登录 ECSS 系统,开设一个儿童玩具网店。

2. 网上下载一些优秀的儿童玩具的图片，用 PHOTOSHOP 对其美化。

3. 确定自己店铺的装修风格，并按照风格要求进行装修。

4. 设置自己的店标，要求店标要包含店铺的名称信息。

5. 设置自己的店招，要求要与其他设计风格一致。

6. 设置店铺导航。

7. 对商品进行分类设置。

8. 上传至少三款商品，对每一款商品进行描述，要求标题要足够包含商品的主要属性，商品的描述要结合文字和图片的形式来进行。

9. 发布简单的公告，公告的主要目的在于向顾客表示问候，以及新店开张，商品低价之类的信息。

实训安排

1. 分组，每 4 人为一个小组。

2. 小组组员之间进行合理的分工和合作完成店铺的装饰。

3. 每两个小组在完成任务的过程中相互观察，最后相互评价，进行评分。注意在评分的过程中不要向对方小组泄露每项分数。

4. 小组拿到自己的评估结果之后，看看自己存在哪些不足，哪些是自己认可的，哪些是不认可的。对于那些不认可的地方要与对方小组进行沟通讨论。

5. 教师评选出最优秀的小组进行展示。

实训评估

实训评估表参见 p.31。

本项目知识回顾

本项目中我们主要学习了如何发布和描述商品以及对店铺进行装饰的相关内容，包括如何对商品进行描述和发布，如何设置店铺的版面，如何制作和发布店铺的动态店标以及如何制作和发布店铺的公告。

在本项目中,任务一商品描述和发布和任务二设置店铺版面的内容是重点和难点。开任何网店,都需要将商品进行描述并发布到网上,需要描述商品的哪些信息,如何进行描述,标题如何确定,这些都是需要考虑的问题。切记要好好利用标题的作用,尽量地将商品的主要属性都列在标题中供顾客进行搜索链接。一般来说,上传完成商品之后就可以进行正式的商品销售了,但是为了更好地吸引顾客,给顾客自己的网店是比较专业的感觉,那么做好店铺装修就是一项很重要的工作。店铺的装修除了需要了解基本的网店模板外,还需要掌握一些基本的美工技巧,不仅能够设计店铺版面的各个模块,也能制作动态的店标和公告,特别是对各种静态和动态的图片的处理,是一项必备的美工技巧。完成这些工作之后,店主就可以进行店铺的正常经营和管理了。

通过本项目的学习,你有哪些心得体会?

项目四
网店订单交易管理

在网店正式上线开业后,对开店者来说最重要的就是日常经营和管理的问题。网店的经营与管理是不分先后顺序的,应该说经营与管理是分不开的。经营网店并不像想象的那么简单,有很多方面和细节需要规范。尤其是当一个网店形成一定的规模后,团队成员增多,不仅要涉及商品本身的交易管理,而且还涉及网店内部的人员、流程、制度等。应该说一个形成一定规模的网店和一个公司的运营一样,是一套完整的公司经营与管理体系。

大体来讲,网店经营管理是一个范畴较大的概念,应该说与网店经营相关的工作内容都会纳入网店经营管理的范畴。包括:商品货源的管理、库存管理、订单管理、店铺风格的管理、市场策略、物流管理、客户服务等。作为一个店铺的经营者,需要考虑到网店经营的各个方面,这些都属于管理的范畴。

电子商务专业重点探讨的是电子商务及网店本身的运营管理,因此本项目重点学习网店的订单处理、订单交易、订单跟踪以及线上、线下的配合运营管理内容。

本项目需要学习和完成以下任务:

▶ 任务1 客户订单处理

▶ 任务2 网店线上管理

▶ 任务3 网店线下管理

任务 1　客户订单管理

☼ **任务目标**

1. 掌握客户订单的处理流程；
2. 掌握客户订单的跟踪技巧。

☼ **知识储备**

网上开店一定要熟悉网上订单处理流程，否则就不能很熟练地在网上销售商品，影响交易的效率。在和买家顾客的交流过程中，经常会涉及讨价还价和发货方式的问题。因此，在淘宝上要熟练掌握修改交易价格、选择物流发货、退换货的相关操作、给买家评价等操作过程。

1. 查看顾客已购买的商品

网店卖家可以通过卖家模块中的订单管理来查看顾客购买的商品。进入ECSS平台，一起来进行实训练习，熟悉订单的管理流程。

步骤一：登录ECSS平台模拟淘宝版块，进入"用户中心——我的订单"。

在"订单管理"中，我们可以看到卖出的商品订单的具体状态。订单状态有以下几种：

（1）订单处于"待付款"状态，意味着客户点击提交订单后，还没有进行相应的付款操作，这个时候可以与买家沟通尽快付款，以便进行后续的发货流程。

（2）有的订单状态是买家已付款，已付款的订单需要尽快安排为顾客发货，保证客户能够尽快地收到商品。对于电商购物网站的网店经营来说，除了商品本身的质量，还能赢得客户好评的就是发货速度。首先，要保证货源充沛，在看到顾客的已完成付款订单后，要尽快及时地发货。其次，在可承受的成本范围之内，选择

图 4-1　ECSS 平台模拟淘宝界面

图 4-2　ECSS 平台订单管理界面

一个有品质速度保证的物流公司,也是非常重要的。对于网购的买家来说,当然希望购买的东西能尽快送达。

（3）有的订单已完成。当顾客收到网购商品并对商品没有异议后,那么客户在订单上进行"确认收货"的操作确认后,这个订单就算完成了。确认收货完成后,系统会自动提示顾客完成商品评价环节。顾客将会对收到商品后的感受做一个评价。电子商务网购平台的评价系统是非常重要的,由于网购的特殊性,大部分网购顾客都会在要决定购买一个商品之前,参考其他已购买顾客对商品的评价。可以说除了商家的商品描述以外,顾客购买参考的重要依据之一就是商品评价,商品评价直接反映了商品的质量、发货速度以及服务等相关信息。所以说网店突破了初创时间的推广阶段,到了后期正常稳步经营阶段的时候,经营者一定要关注到商品质量本身以及服务质量,这才是能长期发展良性经营的关键。

以下是淘宝天猫中某商品的用户购买评价,可以看到累计评价 343 条,如果说顾客对商品的外形、商品描述等都很动心,价格也在顾客接受的范围内,那么最终决定顾客形成购买行为的就是其他顾客对该商品的评价。其他顾客购买后的体验是最真实,也是最终让客户决定是否购买的重要依据。在下图中可以看到部分顾客对商品评价的还是不错的,300 多条评价顾客不会一一去看,所以一般来说,体现在前面的 20 个评价如果都是好评的话,顾客购买的意愿就会非常强烈了。当然,网购中的商品评价由于顾客的期望不同,也可能会产生一些主观性的评价,但是总体来讲,差评少,好评多,还是相对能反映出网店商品的质量的。

图 4-3　淘宝用户评价界面

登录 ECSS 电子商务实训平台,查看自己店铺的商品是否有商品评论,相互讨论自己的评价数量和内容。

图 4-4　ECSS 评价界面

(4) 已取消订单。还有一些订单由于下单错误或者卖家无法供货等原因,在提交订单后又进行取消操作,那么则在订单管理中会显示"订单已取消"的状态。

2. 修改交易价格

在跟买家达成购买意愿前,顾客通常会讨价还价,要求价格便宜一些,或者因为一些其他原因你需要以其他价格跟顾客交易,如客户因购买多件商品,出现需要免去邮费之类的情况,这时候就需要你修改价格,从而完成商品的交易过程。

我们以淘宝网为例,在交易状态为"等待买家付款"时,卖家可以登录到"我的淘宝"——"我是卖家"——"已卖出的宝贝"——"等待买家付款"中,找到对应的订单,点击"修改价格"。并且可以直接在"涨价或折扣"栏中直接添加需要修改的邮费金额。

登录 ECSS 电子商务实训平台,进入"订单管理"界面。当顾客在提交订单还未付款的状态下,卖家是可以进行价格调整的。如下图所示:

图 4-5　ECSS 订单管理界面

点击"调整价格",进行价格修改。例如,通过跟客户沟通后,同意客户购买商品减掉运费,那么我们可以把原来设定运费"24 元"修改为"0 元"。

图 4-6　价格修改原界面

3. 选择物流发货

顾客在完成付款后,此时所买卖商品的交易状态会变成"买家已付款",此时卖家可以联系物流公司以提供发货服务。

顾客付款后,订单管理中商品交易的状态会变成"买家已付款",这个时候卖家可以联系物流快递公司尽快为客户发货。具体操作步骤,在订单下方状态按

图 4-7 价格修改后界面

钮中点击"发货"按钮,进入发货物流界面。以 ECSS 实训平台为例操作界面如下:

图 4-8 ECSS 发货物流界面

在商品快递期间,卖家经常会遇到买家询问货物快递到哪里了的信息,为了让消费者及时了解所购买商品的目前状态,卖家应该会进行物流跟踪,把商品目前状态及时反馈给顾客。那么顾客将会在所购商品网站上看到物流信息,方便顾客及时了解物流动态。以淘宝为例,界面如下图所示:

图 4-9 物流信息界面

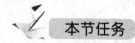

登录 ECSS 实训平台，以小组为单位，同学之间互相进行买卖流程操作，要求相互之间至少购买一件商品，并完成整体订单操作，购买完成后需要对商品进行评价。

1. 订单状态主要有哪些？分别是在什么状况下呈现的？
2. 说一说如何在 ECSS 中修改商品的价格？请进行操作演示。

任务 2　网店线上管理

☼ 任务目标

1. 掌握线上管理的客户沟通技巧；
2. 掌握处理店铺留言的方法。

☼ 知识储备

网店的经营很大程度上都是依赖于互联网，虽然说电子商务平台为网店商家搭建了一个相对完善的管理平台和销售平台，但是无论是网店和实体店都一样，要想经营的好，都是需要精心打理的。尤其是当网店的经营具备了一定的规模后，更是要运营一定模块化、流程化的线上管理手段，来让网店的经营在线上取得有效的管理模式。如果管理技巧和方式运营得当，把每一步都做到位，店铺的流量就会慢慢一直呈现上升的趋势，一旦有了良好的口碑和忠实的客户，销售业绩就会呈现持续增长的趋势。

一、善于巧妙运用沟通交流工具

电子商务网店经营平台一般都会有自己平台内部使用的交流工具，当前淘宝网作为C2C，B2C的最大交易平台，以阿里旺旺的使用最为广泛。这类即时通讯工具能帮助网店卖家寻找客户，发布、管理商业信息；及时收到商家的各项活动，及时把握商机。包括卖家与买家在沟通中所发生的纠纷，都可以以阿里旺旺的沟通记录作为凭据来进行纠纷的解决。

以淘宝阿里旺旺来说，它分为卖家版和买家版，可以根据角色来选择使用，两个版本在功能上有区分。作为卖家来说，旺旺即时通讯主要功能如下：

1. 随时联系客户

跟卖家产生过交易的顾客都会保存在即时通讯工具上，并且随时联系，只要有任何问题,你可以随时跟你的顾客进行沟通,并且能发送相关商品信息。

2. 大量的商机搜索

在不登录的网站的情况下,只要阿里旺旺在线,就可以接收到大量的阿里巴巴市场的商机信息。

3. 丰富的信息管理功能

包括语音、视频、文件的传输等功能都可以实现。虽然 QQ 的功能也很全面,但是在淘宝的平台内的即时交流工具应该说是更具安全性,更具备针对性的特点。

4. 多方商务洽谈

阿里旺旺支持同时 30 人在线的沟通,可以组建商务洽谈室,空间不再成为障碍,可以实现多人的同时洽谈。对于很多网店规模非常大,且实体经营与网上经营同时开展的商家来说,经常有金额比较大的生意洽谈,这个功能满足了他们的需求。

二、顾客沟通技巧

随着互联网的发展,在网上经营的商家多如牛毛,由于区别于实体经营,网店主要是通过图片和在线的沟通完成交易,买卖双方并不见面沟通,因此买家对卖家的信任感会较低。实体店通过与店主的真实沟通来判断店家的诚信,通过现场看商品来判断商品的质量。那么通过网店购买,一是看商品图片、商品描述;二是通过其他买家对商品的评价来判断,除了以上两点还有就是通过在线工具与卖家的沟通过程了。

有的顾客在购买的时候很难在短时间内下定决心下单购买,总是因为一些其他原因不能完成交易。那么大部分对于有强烈购买意向的顾客,他们会倾向于通过在线沟通工具来向店主或网店在线客服来咨询商品相关问题。如:使用效果如何?如果是购买衣服,会询问实际尺码的大小、色差等问题,甚至向店主寻求建议。遇到这样的情况,对顾客一定要有足够的耐心,并真诚地解决顾客询问的问题,切忌对顾客使用不耐心或缺乏礼仪的用语。并且对于有些问题,要如实地回答,不要为了促成购买而欺骗顾客,这样的行为和后果都会是非常恶劣的。

1. 规范的礼貌用语

直接下单并付款完成交易的顾客是最受网店店主欢迎的客户类型。这类客户一般有以下特点：(1)对商品有非常明确的需求；(2)顾客了解商品或者商品是实体店存在的商品，因此对商品本身没有更多疑问。这类客户完成交易后，店主在收到顾客已付款的订单后，要尽快地与顾客确认商品信息及发货地址。如果有需要特别说明的必须在第一时间及时向顾客说明。如果顾客已付款的订单出现缺货或需要等待一段时间，那么需要及时告诉顾客，以免产生不愉快。在网购中，因为买卖双方从未见面，尤其在第一次购买时，出现一点的不完美都会给顾客造成不好的购物体验。因此，为了避免造成后期的退货或者商品差评等后果，在顾客的首次购买后，一定要及时确认，并感谢顾客的购买，欢迎顾客再次光临。如："感谢您的购买，我们将在下午为您发货，预计2~3天抵达成都。欢迎再次光临！"如果可以的话在发货时与商品一同附上小礼品。这些小的细节都可以为顾客带去良好的购物体验。

2. 挖掘引导顾客需求

对于有的客户还在犹豫阶段，还未拿定主意是否购买，在你们的沟通过程中你可以判断他的购买意向是否强烈。这个时候挖掘顾客需求就显得非常重要。以下是买卖双方的沟通过程：

买方：请问这条裙子和图片有色差吗？

卖方：您好，因为我们的图片都是实际拍摄，由于光线问题，略微有误差，但绝对是在可接受范围内，不会出现色差太大的情况。您可以放心购买。

买方：哦。不过这个裙子只有灰色和粉色两个颜色吗？不太喜欢这两个颜色。

卖方：您想要什么颜色呢？

买方：有白色吗？

卖方：这条裙子没有白色哦。因为这条裙子的布料如果是白色的话会比较薄有点透，所以没有白色。不过我们店里还有一条裙子和这件款式有点相似，您可以选择那一条白色。我发链接给您，您可以看一下哦。

买方：好啊。（看到链接后）这条也还不错。下单后几天可以送到北京呢？

  卖方：4天左右。

  买方：好的。我马上付款。

  卖方：付款后会及时为您安排发货的。谢谢您的光临。

  通过上面的沟通可以看出，顾客对裙子的颜色不满意，而店主没有马上回答是否有其他颜色，而是询问了顾客想要的是什么颜色。通过了解顾客的颜色需求，及时为顾客推荐了其他款式的白色裙子，最终促成了交易。

3. 真诚回应顾客咨询

  以我们在实体店购买的经历来讲，每个消费者都有自己的购买习惯乃至购买性格。有的顾客非常爽快，经过简单的沟通就决定是否购买；有的顾客则喜欢不不停地咨询，可能隔几天咨询一次但最终还是没有成交；有的顾客喜欢与你讨价还价，总觉得能降一点价就会更完美；有的顾客总怀疑你的商品有瑕疵，不能放心购买，希望你能不厌其烦地回答他提出的问题。总之，顾客类型不同，那么购买的方式也会不同，并且跟你沟通的具体问题也是各有不同。

  作为网店的经营者，尤其是网店初创时期，网店经营者本身就在电脑旁亲自回答顾客咨询，还要负责进货、发货、发布商品等各项大小琐事，很容易心烦气躁，面对顾客各类各样的问题和咨询很可能产生厌烦情绪。但是无论你面临什么样的心境和困境，都要记住顾客就是上帝，尤其是对一家网店来说，你所有的忙碌都是等着顾客向你发起聊天，向你咨询你的网店里的商品，通过你的耐心解答最终促成交易，这才是你的网店经营最大的成功，也是你能获得成就感的来源和动力。因此，无论面对什么样的顾客，你都要沉着镇定、真诚有礼、耐心诚实地回答客户向你提出的问题甚至质疑，这是你经营网店走向成功的必备素养。

4. 正确面对顾客的讨价还价

  讨价还价是任何销售形式中必然会存在的环节。而且网络销售同时又是公开的，可以比在实体店购买更快地获得其他商家同等商品的价格，非常容易实现"货比三家"。而且会出现一些商家恶意竞争，销售一些质量较差的商品但图片却是盗用优质商品的图片，这样会带来临时的购买量。但是顾客在第一次购买前，可能存在被这种恶性竞争所迷惑，会质疑商家价格偏高。面对顾客的讨价还价，

有以下几种解决方案:

(1) 在可承受范围内降价

如果你的商品定价确实有可以浮动的空间,那么面对真诚购买的顾客,你可以对希望降价意愿强烈的顾客给予适当的优惠。当然优惠的幅度不一定能达到顾客的期望,但是你的优惠可以带给顾客心理上的满足感,这会更快地促成他们的付款购买,也会为你的商品赢得好评,从而带来较多的销量。

(2) 根据顾客购买情况决定

对于每一个商家来说,都希望自己的商品能卖出较高的价格,取得较大的利润空间。所以面对顾客的讨价还价,你又没有太大的利润空间,那么可以通过说服顾客增加购买量而减免邮费或降低价格来完成。比如顾客购买一个包,那么你可以说服顾客多购买一件其他商品,这样你可以有一点优惠。当然你也要根据顾客的需求合理地进行建议和推荐,这样才能使顾客多购买的可能性提高。其实从客户心理的角度来讲,你能免掉邮费的价格,顾客从心理上就已经觉得比较满足了。因为顾客总会觉得购买的是商品本身,如果去掉邮费的价格那么就会比在实体店购买划算得多。你可以说服顾客多购买1件,为顾客减掉邮费。这样的优惠是大部分顾客都愿意接受的。

实际情况中,为了增加顾客的购买量,卖家经常在商品描述中注明"几件包邮"的字样,来鼓励顾客多购买。在这种情况下,即使顾客本人没有那么多的需求,但是为了减免邮费,也会推荐给同事朋友,通过好友一起购买来省掉邮费。这样的方式对买卖双方来说都是一件双赢的事情。

(3) 坚持原价销售,向顾客真诚说明情况

为了在同类店铺中取得较好的竞争力,你的网店商品的定价其实并不高,在这种情况下,面对顾客的讨价还价,就需要一定的技巧。一定要注重方式,不要对讨价还价的顾客产生反感情绪,站在同理心的角度为客户着想,理解顾客的心理,向顾客说明你的定价是非常便宜的,说明你不能降价的原因。在这个过程中,顾客可能会说你的商品比其他店铺贵,这个时候切忌不要随意诋毁其他商家,只要向顾客说明你的网店的商品价格是很合理的,争取得到顾客的信任。总的来说,至真至诚,做一个有职业道德的网店经营者,这是无论做任何工作都需要具备的

素养，只有这样，才能做得更好，走得更远。

5. 订单确认技巧

在顾客提交订单并完成付款后，作为网店经营者应该说已经成功了，但是这个时候为了保障顾客顺利收到商品，你一定要马上将顾客在提交订单时所填的订单信息发送给顾客进行最终确认。确认的信息有：购买商品信息、收件人信息及详细地址。因为有的顾客的地址信息设置可能是多个，可能会出现忘记选择当前收件地址的情况，所以你得确认会及时地更正收件信息；以免造成不必要的时间耽误和可能增加的运费成本。

> **案例分享**
>
> **店主乐乐的遭遇**
>
> 乐乐服装店的店主乐乐按照顾客的订单信息给顾客发了一套蓝色的衬衫，但是顾客在收到衬衫后说他要的颜色是白色。可是乐乐在查看了订单信息后，看到订单上确实是"蓝色"。根据顾客提供的即时通讯工具的沟通记录显示，顾客当时确实询问了白色是否有货，希望买一件白色衬衫并及时发货，要在近期的会议中穿。但是由于顾客在下单时并没有修改默认的蓝色，而导致发错了颜色。顾客也没能赶上在第二天的会议上使用，觉得网购很不顺心。乐乐答应给顾客调换颜色，要求顾客把蓝色寄回，然后将白色的再寄给顾客。但是顾客却要求退货，理由是由于不能在第二天开会时穿，打算晚上去商场买一件，还表示"网购就是不靠谱"。乐乐也很沮丧，明明是顾客订单提交有误，但还让她白忙活半天。

从上面的小案例我们可以明显地意识到，如果在顾客提交订单后，乐乐能够与顾客确认最终订单信息，那么这个失误就是完全可以避免的。既保证了订单的最终完成，也没有耽误时间。

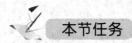 **本节任务**

在ECSS模拟实训平台上，完成一次模拟线上买卖流程。

任务完成步骤：

1. 每两个人组成一组，分别扮演买方和卖方角色；

2. 登录 ECSS 实训平台，买方选择卖方店铺购买商品；

3. 运用站内信息功能进行双方有关购买细节的沟通；

4. 卖方需要根据买方需求修改价格；

5. 模拟买卖流程，完成最终的商品评价；

6. 双方互换角色，体会不同的角色的流程操作过程。

 课后思考与练习

1. 名词解释

定性分析　定量分析　问卷调查　搜索引擎

2. 简答题

(1) 你知道有哪些资料收集的方法吗？请简述。

(2) 你知道调研报告的一般结构是什么样的吗？请简述。

任务 3　网店线下管理

☼ 任务目标

1. 能够掌握供应商的选择及维护方法；
2. 掌握品类库存管理的方法；
3. 掌握物流发货技巧；
4. 掌握库存管理的技巧。

☼ 理论知识

网店经营是一个线上运营管理与线下运营管理相结合来完成的过程。如果只有线下而没有线上管理，那么就无法完成前期的交易沟通。如果只有网上店铺，而没有线下的存储库存管理、物流支付等流程，也无法最终完成货品的交易。因此，网店的经营管理是线上管理与线下管理共同配合流程化管理的结果。

网上店铺的线上管理保证了让顾客看到商品、挑选商品、完成下订单的沟通与订单操作，但是一旦顾客在订单付款后，网店流程则立即转到线下进行，包括我们需要源源不断地补充货源，如何找到合适的供应商并建立长期的合作关系，都属于网店经营线下管理的范畴。线下流程包括：供应商选择与维护、库存管理以及物流发货流程管理等。

一、供应商的选择与维护

供应商就是网店经营的供货渠道，也是我们进货的"货源"。那么，选择供货商有一定的选择方法及依据。

1. 目前网店常见的货源渠道及特点

(1) 厂家直接进货

厂家直接进货是首选的进货渠道,因为正规厂家货源充足,由于省去了中间代理商的成本,所以从厂家直接进货是价格最低的,可以最大限度地降低成本。如果网店商家本身也是规模较大可以长期合作的话,跟厂家合作无疑是最佳的选择,对于剩余货品还可以进行产品调换等。但是对于厂家来说,由于是大量批发,厂家肯定对于他的经销商也有选择,单次批发量肯定有一定的要求和限制,对于小的商家来说无法承受一次性购买很多。因此,厂家直接进货的货源渠道比较适合有一定经济实力,并有自己的分销渠道的商家。而对小的商家来说,由于资金、库存压力大,厂家起批量较高,不适合小批发商家。所以,对于刚开始创业经营网店的人群来说,厂家进货一般是很难实现的。

(2) 批发市场

厂家虽然价格低,利润空间大,但是一般的厂家都有一定的大客户,通常不会和小卖家合作。所以对于普通的网店经营者来说,批发市场是一个不错的选择。批发市场相对来说有以下特点。

① 批发市场商品较多,品种数量都很充足,产品更新快。而且批发市场中有很多批发商,很容易进行比较,选择物美价廉符合网店经营者要求的商品。

② 批发市场很合适兼职卖家,或者网店经营规模并不是很大的卖家,进货时间和进货量都比较自由,没有固定的规定。

③ 批发市场的价格相对较低,对于网店来说很容易实现薄利多销。

所以说如果网店店主所在城市是比较大的城市,当地有较大的批发市场,应该说是一般规模的网店卖家的最佳选择。但是对于选择批发市场的网店卖家来说,要学会把控好质量,避免选择一些假冒伪劣或者质量非常差的商品。

(3) 阿里巴巴网站批发

大型批发市场不是每个城市都会有的,这就使地处小城市的网店卖家受到了进货的限制。阿里巴巴作为一个网络批发平台,为很多小地方的卖家提供了选择的空间。可以这么说,我们个体的买家在淘宝等电子商务交易平台上进行网购,而淘宝的网店经营者以及实体店的经营者都可以选择在阿里巴巴批发进货。阿里巴巴作为网上批发市场,有以下优点:阿里巴巴有很强大的搜索功能,查找信息方便,进货时可以最大限度地进行货比三家;在阿里巴巴上不仅有批发进货,还有小额的拍卖进货,专门为小卖家提供了相应的服务,成为小地方的网店卖家很喜欢的进货方式。

但是选择阿里巴巴上的批发商家交易要选择可靠的公司进行交易,因为同样是网购,而且是批发,涉及的数量和金额较大,因此需要谨慎,需要注意以下问题:

① 在阿里巴巴网站批发进货时最好选择支持支付宝付款或是诚信会员的合作商的产品,特别是诚信值达到近百或者上百的都是比较值得信赖的,这可以作为首次合作选择进货商时的一个参考依据;

② 在阿里巴巴进行交易沟通的时候,尽可能地使用"贸易通",或者其他与淘宝网站类似的交易沟通工具,以便在出现任何问题的时候以沟通工具作为依据。

此外,第一次进货的时候,尽可能选择本地或者离自己所在城市较近的批发商。如果在收到货后有任何问题,也方便解决。

(4)品牌代理商

品牌代理商是通过商家联系正规专卖店做该品牌的网络代理。

品牌代理商的优点是:货源稳定,渠道正规,品牌具有一定知名度,因此有着较为稳定的顾客群体,并容易获得信赖。

但品牌代理也有一定的劣势:品牌主要经营一种类型的商品,更新较慢,而且品牌一般来说因为在市场上具有一定的知名度,因此价格较高,所以利润低。

但是,对于想做品牌旗舰店的网店经营者来说,是比较适合的选择。相对来说,直接联系品牌经销商,越是大品牌,它的价格折扣就会越高,利润也就越高。如果一个网店经营已经发展到一定程度具备了一定的规模,想走正规化路线,这就会是个不错的选择。

2. 供应商维护

确定了适合自己的供货渠道后,就要开始选择供货商和货源了。选择合适的供货商时,不仅要符合自己网店经营的定位和产品定位,还要了解对方的商业操作模式,再根据自己的实际情况与对方进行协商,探讨最适合和最有利的合作形式。

供应商选择最基本的原则是要考虑自己网店定位的最优性价比,最大限度降低自己的成本。有以下几点需要网店经营者考虑和注意。

(1) 尽量找直接供货商或生产商,减少中间环节,降低成本。

(2) 货比三家。同类商品选择至少三个不同的报价方,综合考虑最优方案。

(3) 根据网店经营情况,统计一段时间内的采购额和销售额,对各个供应商进行综合评价,对价格进行有效管理,对比各个供应商之间的价格并进行评价,对价格合理、商品购买数量相对较多、客户反馈良好、供应商主要业务人员诚信可靠、沟通起来比较顺畅的供应商考虑长期合作。如果遇到诚信度有问题,价格也偏高的供应商,应减少合作次数。

(4) 把握供应商促销的机会。一般来说,小商品的供应商为了增加销售量,或者为了回报长期老客户,会定期进行促销。所以应该持续关注不同供应商的促销信息,这样也是节约成本的方式之一。

(5) 跟踪同类产品的升级情况,如果有更好的产品应该及时更新你所经营的网店里的商品,保持与时尚和潮流同步的步伐。

3. 货品的选择

货品的选择直接决定了销售业绩的好坏,进货时也要仔细把握商品的细节。那么在进货时对于商品有以下关键要素需要网店经营者仔细考虑。

(1) 价位

根据商铺的价格定位选择货品。同类商品由于质量以及品牌效应等因素的差异,同类商品会有非常大的差异,小到几十元的差异,大到上千元甚至上万元。比如,背包是人们日常的必需品,每个人尤其是女性出门都会背一个随身的包,但包包的价格从几十元到几万元价格不等。所以进货的时候,选择的商品首先要和自己网店经营的定位相符合。

(2) 数量

每次进货量,要依据以往的销售量情况,以及预测在未来一段时间的销售量以及你的进货资金额来决定。那么,对于初期开网店的经营者来说,由于资金量较小,而且对于网店开张后的销售量不好预估,应该控制进货量,可以尝试丰富的商品种类,但每个种类的进货量都较少。如果顾客在搜索时搜索到了你的网店里的某款商品,这个时候顾客很有可能进入你的店铺浏览其他商品。如果你的商品种类丰富,也会吸引顾客对你的店铺长期关注和收藏。

(3) 市场需求

在开网店的同时还要经常关注消费群体的需求。进货时要考虑以市场需要为导向,比如货品是不是目前流行的。可以以目前网上热议的一些潮流为时尚的指南针,作为进货的方向参考。比如你的网店是卖太阳镜的,那么根据季节来说,冬天的时候要减少进货数量,在夏季来临前要增加进货量。而从市场需求来说,太阳镜的款式非常重要,如果进一些明星在电影、影视剧里戴过的类似款或同款,那么借助明星的宣传力量和形象气质,自然会有不错的销量。

(4) 质量

虽然说一分钱一分货,质量的好坏与商品价格息息相关,但任何事物都是相对的。尤其是在现如今品牌效应影响力如此强大的情况下,价格已经不再仅仅是质量的衡量尺度。所以在进货挑选商品时,尤其是非知名大品牌的商品,一定要仔细把关,检查货物质量。非品牌的商品质量会参差不齐,如果在进货时没有仔细验货,有质量不合格的商品,如果发到顾客那里不仅顾客会要求退货,浪费了运费成本和时间成本,还很可能导致买家对你的网店给予差评。这将会非常影响你的商品销量。

(5) 持续优化

在与进货商的交往过程中,要注意持续优化双方的合作关系,发现问题及时解决,同时,应根据具体情况和供应商协商好调换货的情况,如产品运输途中发生损害、产品质量问题、实际货品与用户订货商品不一致等情况下的调换货保障。此外,还要和供应商商议好具体的商品保修期、退换货政策、是否提供发票、维修措施、运费承担等情况。这些关键要素都要在合同中一一注明。

案例分享

网店成功案例之——吸取经验,严把进货关

小冬现在是个"五钻"级网店的店主,她的店里专门销售外贸尾单和 OEM 产品,经营有 5 年了。小冬是个喜爱时尚的女孩子,在读大学的时候,她就经常在网上购买外单衣服,她的理由是外单衣服质量好、款式新、时代感很强、方便运动。在她的带动下,身边很多同学也开始从网上选购衣服,而且大家也都喜爱购买外贸服饰。颇有几分财商的小冬，很敏锐地注意到这是个商机，于是就想到自己开一家网店，专营外贸尾单服饰，肥水不流外人田嘛！决心已下，说干就干。可是，资金成了拦路虎，没有钱怎么进货？无奈之中，她只好发动身边所有力量，东拼西凑，很快，一万元就到手了。拿到钱之后，小冬并没有直奔批发市场，因为多年的消费经验告诉她，批发市场里边的东西并不便宜。而且质量还没有保证。精明的小冬打算冒险赌一把，直接找外单厂家进货。于是她整日在网络上寻觅，功夫不负有心人，生产商还真找到了，服装款式也让她非常满意。接下来，她孤注一掷，精选样品之后，决定吃下了生产商所有外单尾货。

由于小冬进货量大，所以成本降低了，利润自然也就上去了。她进的第一批服装，由于款式新、价格低，而且当年网上销售竞争力不大，再加上同学众多、朋友照顾，没几天，这些衣服就全部销售了出去。初战告捷，年轻的小冬不免有些飘飘然，放松警惕的她又开始在网上寻找外单生产商。几天之后，她又看好几个款式，而且她发现这个厂家比上次的厂家在价格上给出的优惠更多。小冬毫不犹豫地从网上下了订单，决定大量吃进。

一周之后，到货了，令她没有想到的是，这批服装全是仿版货，而且生产商为了赶时间，竟然粗制滥造，做工非常差。小冬非常愤怒，决定退货，然而有合同在先，她当时也没注意到其中的陷阱，因此不能退货。冷静下来的小冬，做出了令所有人惊讶的决定：为了维护小店信誉，坚决不卖次品。可是一万多块钱毕竟不是小数目，尤其对于生意才刚刚起步的小冬来说，简直是个毁灭性的打击。为此，她大哭一场。从那以后，她就特别意识到选择生产商的重要性，特别注意对供货商进行互动沟通和筛选，后来再也没有在进货上吃过亏。

解决了货源问题，小冬的生意开始蒸蒸日上，进入了一个良性循环，由于她的进货量越来越大，厂家又给了她更大的优惠。后来有几家外单服装生产商跟他们商量，希望她们能够代销其商品，甚至答应可以先销售后结款，小冬现在正在考察这些产品的质量，如果质量过关，她们就可以代销。代销的价格当然是很优惠的，利润自然也是很丰厚的。不久，年纪轻轻的小冬，就已经拥有了一家网店和两家实体店，每月的纯利润都接近六位数。

课堂讨论

如果你是一个网店经营者，你在选择商品的时候还会考虑哪些因素？和同学之间进行讨论并说明原因。

二、预备合格的商品

做好供应商选择和维护，就基本等于保障了质量有保证的货源。那么就是订单的处理和发货了。在处理客户订单和发货时，要注意以下关键因素。

……淘宝店发货单

收货人姓名电话：　　下单日期：2014-04-28　　订单编号：

收货地址：　　买家ID：

序列	型号	颜色	组件名称	规格（mm）	数量	单位	个/件	原价	备注
1					1	pcs	个		
2					1	pcs	个		
3					1	pcs	个		

合计：　　¥：

买家留言：

合计应收¥：　　大写：

卖家仓库发货签字：　　盖章

备注：收货后如数量，产品型号如有不符，亲可以拒收；收货后一律不接受退货，换货，请买家悉知！

制单：　　联系电话：　　发货日期：

图 4-10　淘宝网店发货单示例

1. 核对客户订货信息，确认前期工作都已做好，收付款条件等都已经按步骤完成。

2. 按订单要求备齐货品后，检查货品名称、规格、数量、价格等是否准确无误。

3. 只做好要随物品一起发出的货单，客户在收到货物时就可以准确核对是否与订货商品相符。

三、成本控制与利润核算

商品调出后，自己当期销售了多少商品，手里还剩下多少，是否足够下一阶段订货量的周转，现存的货物积压占用资金，是否应采取措施进行清仓等都是供货环节要考虑的重要问题。

商品买卖过程中，定期统计好货品的出入信息，销售收入与成本费用核算等简单的账务统计，以确定盈亏，了解网店经营的状况，并根据财务数据做出适应今后发展的经营决策。

1. 收入管理。在商品买卖过程的财务核算方面,网店经营和实体经营并无两样,一样要做好财务的收入报表。对于刚开始经营的网店来说,如果对财务并不是很懂,那么在开始制定一个销售统计表是非常必要的,结合库存商品数据,增加每天的销售情况栏,如初期库存量、最新库存量、销售数量、销售金额、当日收入等。

2. 费用成本管理。费用成本一定要全盘考虑,将所有发生的成本费用都用明细分列出来。如对进货成本、进货的运费、库存管理费用、人工成本、销售的邮寄费、促销费用等,每天都要进行登记和统计,期末分析核算,扣除相关费用。这样一是便于汇总成本;二是有利于及时找出不合理的费用支出。

3. 利润计算。那么收入减掉成本就是每天的利润了。及时地统计利润,可以明确地了解自己网店经营的效益。如果不做好成本核算和利润计算,很多网店经营者感觉每天都有销量,似乎销量不错,但实际上心里却是一本糊涂账。并不清楚自己的成本费用花掉了多少,也没有核算纯利润。这样长期经营就会导致严重亏损。

四、库存管理

如何处理网店的货品,做好库存管理,对网店来说至关重要。因为过多的库存不仅占用资金,而且不便于保存。而过低的库存,很可能会出现断货的情况,造成顾客的流失。

1. 设置最大库存量和最小库存量,根据所经营商品情况设置库存的高低限。当商品卖出后库存低于最小库存量时,要及时补充库存货物。

2. 登记商品出入库情况,每天商品的出库和入库都应有相应的时间记录,以免出现实际库存与登记库存不符的情况。

目前稍具规模的淘宝经营店基本都采用了库存管理软件。因为有一定规模的网店,也是有不同的分工,每天大量的出库和入库都需要借助信息化管理平台才能更精确,也更有效率。

3. 及时做出库存限量调整。随时关注网店库存系统中的销售排行情况,把销售前几名和后几名的商品作为重点关注对象,调整经营思路,及时做出相应的库存调整。同时,根据不同销售周期的货品销售预估量,适时调整库存限量。如在销售的淡季和旺季,可以制定不同的库存限量。

4. 归类存放,一目了然,降低库存出错率。降低库存出错率一直是库存管理的重点,因为在经营中,经常会发现库存量与实际不符。所以让各类商品井然有序地存放,不仅方便发货时的调出,还为管理及盘点等工作节省了不少的时间和精力,每一类别的区域都进行分区标注,标清楚商品类别及名称等信息,方便存取,也方便盘点。

5. 对库存商品定期盘点,做好库存统计。按周期做好定期盘点,对当期的期末库存量计入下一天或下一期的初期数据中,便于每个周期的统计管理。盘点周期不能超过1个月,如果每天的订单量都较多,那么建议最好每周进行一次盘点。盘点完最好做统计,不管用软件也好,手工电子表格也好,清楚的库存数据,有利于方便管理,控制库存。

6. 及时发现不畅销的商品。在网店经营的过程中,总会发现有那么一些商品不是那么畅销,并且一直积压在库房里占着位置。那么对于这一类不畅销商品就要采用一些营销策略,比如通过调整价格、价格、送礼等促销活动进行促销,希望通过这样的活动促进这类产品的销售,以此来清理库存。在以后进货商品的选择上,可以根据滞销的原因,有选择地进货,对于不畅销的商品,有意识地减少进货量。

此外,在设计促销方案的时候要注意以下原则。

(1) 要适应顾客的消费特点。比如你的滞销商品主要是因为价格过高,那么可以通过降价,降到与其他商家同类商品价格偏低的价位。如果滞销商品是比较便宜的小商品,那么可以通过适当增加购买额度当做礼品附送。但是大幅增加顾客的购买量,设置的门槛太高,反而让顾客望而生畏。比如,你的网店是销售护肤产品的,有一款价格15元的面膜不是很畅销,那么你可以设置买满300元送2片面膜来进行面膜的促销活动。

(2) 快速、有效地吸引顾客购买自己的商品。要能在短期内激起顾客的消费冲动,如果活动不够吸引人或者活动时间过长,都会错失促销良机。

(3) 设立竞争门槛。让竞争对手难以跟进,否则很难达到清理库存的目的。如果我们在做8折的促销,同行们马上也跟着做促销活动,并且折扣还更有优惠的话,那么我们8折的促销活动应该说就没有什么太大意义。

(4) 方法灵活简单,要易于操作。在设置促销规则的时候,首先的底线是不能让自己亏本,但是太复杂的活动规则会打击顾客的积极性,顾客会因太复杂而放弃。因此促销活动最好是简单易于操作,而且内容一看就很容易明白。

（5）注意不要单纯为了清理库存而促销。做促销的同时还要有利于店铺在旺季来临前的销售策略调整，不能只是单纯地为了清理库存而促销，重要的是通过促销能带动其他商品的销售。比如，你在做夏装的清仓促销活动的时候，同时上了很多新款衣服，那么通过促销，很多顾客在购买降价夏装时还看到了你新上架的商品并同时购买，这才是一个质量较高的促销活动。

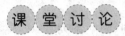

如果你的库存不够的时候你该怎么办？如果你的库存太多了你又该怎么办呢？

常见的促销方式

1. 折扣　对过季商品或积压商品采用打折方式，直接在价格上吸引消费者购买。要做好承受利润较薄结果的心理准备。

2. 竞拍　即采取网上拍卖的方式促销，能提高顾客的兴趣，增加产品的关注度。但是竞拍是比较依赖于外部因素的一种方式，很可能由于参加竞拍的顾客较少，而以较低价格卖出。

3. 服务　商品价格不做调整，而是提供有吸引力的服务进行促销，如卖家承担运费等。

4. 赠送　采用"买一赠一"、"买满多少送不同价值礼品"的方式，促使消费者增加消费。

5. 积分　通过"积分"的形式对多次购买的顾客开展礼品兑换互动，可以提高顾客的忠诚度。

6. 团购　对于批量购买行为，可以采取更优惠的价格，吸引团购顾客，提高促销效率。

在推出促销活动之前，可以到一些目标消费群体集中的论坛和网站，把促销活动的信息提前宣传出去，让更多的人知道了解你的促销信息。

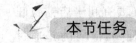
本节任务

任务一　根据要求制作一个进货情况明细表

任务背景

你的角色：淘宝网店店主

网店名称：佰草集护肤品

经营品类：洁面系列、护肤乳液系列、护肤霜系列、面膜系列、防晒系列

任务要求

1. 网上查询"佰草集"护肤品的相关产品信息，将以上经营品类的产品名称、价格、进货渠道等信息做一个了解并记录。

2. 根据步骤1所了解的佰草集护肤品的产品信息，制作一个供应商进货信息表。

表格要求：包含供应商名称、商品市场价格、商品供应商价格、进货数量等关键要素。

任务二　描述并记录你所了解到的网店促销方式

上淘宝网站了解有哪些商品促销方式，看看别的淘宝网店都是如何进行促销的，跟老师和同学描述你所了解到的网店促销方式，并简要记录在下方。

网店名称	促销商品名称	促销方案描述

 课后思考与练习

1. 名词解释

线上管理　线下管理　品牌代理　批发

2. 简答题

（1）请简单说明线上管理和线下管理的关系。你认为哪个更重要？

（2）对于线下管理来说，必须要注意哪些方面的工作？

项目实训 儿童玩具网店交易管理

☼ 实训目标

通过本次实训,能够达到以下目标:
1. 能够顺利完成客户订单的操作处理及管理;
2. 能够与顾客进行在线的沟通,促成网上交易的完成;
3. 熟悉掌握线下管理的流程与内容。

☼ 项目背景

通过前期你对你所开的网店的装修和整体店面的设计,你的玩具店已经正式上线对外开始经营了。初期产品种类不是很多,所以暂时整个网店的经营都是你一人来打理,从进货、产品的拍照上传、产品的描述、顾客订单的处理及发货都要你来完成。

☼ 角色分配及任务描述

1. 顾客:Tina

角色任务描述:

你想给你 3 岁大的外甥女买一些儿童玩具,但是从来没有买过玩具的你不太了解什么样的玩具适合 3 岁的孩子。你上儿童玩具网店浏览了一下,发现一家玩具店的玩具还不错,你想跟网店在线服务人员沟通一下,希望能推荐一个适合 3 岁女孩的玩具。你的具体任务如下:

(1) 跟在线网店人员沟通,了解玩具的使用,并希望对方推荐一款适合的玩具;

(2) 沟通具体的价格,希望网店能够在价格上进行适当优惠;

(3) 在线下单,与店主配合完成本次购买。

要求:登录 ECSS 平台,进行模拟完成本次实训。在线沟通可用 ECSS 平台的站内信来完成。

2. 儿童玩具网店店主:Jessica

角色任务描述:

你的儿童玩具网店正式上线运营,目前在前期你做完了 15 个产品的进货并将其上线展示,你在本次实训中的任务。

(1) 完成网店的 15 个产品的上线展示,包括图片、价格、产品详细描述;

(2) 与在线咨询产品的顾客沟通,进行适当的建议和推荐,向顾客介绍不同产品的特点,促使犹豫的客户下单购买;

(3) 面对部分顾客希望价格给予一定优惠的请求,你要根据你的产品价格和利润空间做出判断,决定是否可以满足顾客的请求,如果不能满足顾客的希望,运用有效的沟通技巧来挽留客户,并促成顾客的购买;

(4) 顾客下订单后,完成客户收货信息等具体信息的确认,完成物流的发货操作。

☼ 实训任务及安排

1. 登录 ECSS 系统,开设一个儿童玩具网店。

2. 分组:4 人 1 组,1 人模拟店主,2 人模拟顾客,1 人作为观察员。

3. 小组所有成员在实训开始前,都要完成该儿童网店的商品展示,包含至少 15 个商品,包括价格、商品描述以及图片的展示。

4. 模拟过程在 ECSS 实训平台上完成。

5. 过程模拟完后,互换角色再进行一次模拟实训。

6. 每两个小组的观察员在完成任务的过程中相互观察,并进行评分。注意在评分的过程中不要向对方小组泄露每项分数。

7. 每个小组拿到自己的评估结果之后,看看自己存在哪些不足,哪些是自己认可的,哪些是不认可的。对于那些不认可的地方要与对方小组进行沟通讨论。

8. 教师评选出最优秀的小组进行结果展示。

☼ 实训评估

实训评估表参见 p.31。

☼ 本项目知识回顾

　　本项目重点学习和训练了网店在经营过程中订单的线上管理和线下管理,应该说线上管理和线下管理是配合完成的,通过线上管理保证顾客的订单顺利完成线上交易,通过线下管理进行库存管理、保证商品按时送达到顾客手里。

　　网店线上管理主要是订单的管理以及商品管理、店铺的展示装修都属于线上管理的范畴,本项目主要介绍了订单的管理及线上沟通技巧,网店的交易及沟通都是通过在线完成的,所以在线沟通技巧,以及客户服务态度都是非常重要的,所以保证在线客户服务在工作时间的在线,及时回答顾客的咨询,以免错过可能的交易机会,保证交易后及时进行物流发货,将线上交易管理转到线下实施,通过及时的发货及跟踪物流状况,将商品尽快送达到顾客手中,是网店经营获得顾客好评的关键因素。

　　网店线下管理中重点介绍了供应商的管理与维护、库存的管理相关知识。为了有效控制网店经营过程中的成本、降低无效消耗,应该在选择供应商以及供应商的后期管理维护上都进行有效的管理。当网店经营进入了一定规模后,一定要进行有效的库存管理,这样不仅可以提高库存场地的利用空间,而且可以提高发货效率,也会避免因货物数量的误差造成的不必要损失。

　　通过本项目的学习,你有哪些心得体会?

_____

_____

_____

_____

项目五
网店推广与营销

随着消费者网购习惯的养成,电子商务网店发展速度越来越快,网店规模也越来越大,除了像淘宝、天猫这样的电子商务交易平台之外,越来越多的电子商务交易平台类型开始涌现,如 B2B 平台、B2C 平台、C2C 平台,以及在近两年涌现的 O2O 交易模式。传统的商家也在利用电子商务平台进行线上与线下的结合来进行销售。可以说,一个面向广大个人消费者群体的商家,如果不与电子商务结合,不跟随电子商务的发展潮流,应该说很快会被当下的发展所淘汰。

那么,随着各类电子商务交易平台的涌现,在网店数量非常多的情况下,网店经营者如何在众多的竞争者中脱颖而出,如何让广大的购买者找到你的网店,如何让购买者发现你,需要运用哪些方法来增加网店的点击率?网店的经营,除了日常网店内部的管理和经营之外,如何在日益激烈地竞争中提高销量,是需要运用一定的营销手段的。虽然作为创业者来说,开一家网店的成本投入并不算高,但是如何让顾客在众多网店中找到你,还是需要花一些时间去打理、去做专门的推广。

网店的推广与营销,在当下的互联网媒体和大数据时代,应该说方法是多种多样的,本部分内容我们介绍几种中小规模的网店经营常用的一些网店推广方法。

本项目需要学习和完成以下任务

▶ 任务1　制订网店推广和营销方案

▶ 任务2　平台内营销策划

▶ 任务3　搜索引擎优化推广

▶ 任务4　论坛及博客营销推广

任务 1　制订网店推广与营销方案

☼ **任务目标**

1. 了解制定网店推广与营销的原因；
2. 了解制定网店推广与营销的方法；
3. 能独立制订网店的推广与营销方案。

☼ **知识储备**

在互联网经济时代，网店要具有竞争力，不仅是要商品本身物美价廉或者商品自身的稀缺性等特点，还与网店的运作、营销手段息息相关。网络营销推广已随着网络的普及而逐渐被越来越多的企业关注，网店的营销理念与传统企业在当下互联网时代的营销理念是一致的，并没有太大的差异，但网店的营销在具体推广工具的使用、推广的技巧策略上还是有其自身的特点。

但是无论什么样的营销与推广，在推广初期，都需要制订一套推广营销方案。推广营销方案的制订有助于总体把控推广的进度、方法、预算、时间性等。盲目的推广容易导致资金的浪费，且无效。网店的推广营销方案的制订必须具有可操作性，否则毫无价值。如何制订有效的推广营销方案，主要有以下几方面的要素：

1. 制定推广策略和方法

网店的推广策略主要要考虑网店的推广要达到什么效果，以及在网店可以接受在推广中投入多少资金，以此为基础来考虑采用什么样的策略和方法。并且在制定方法的过程中需要考虑对于网店来说什么样的推广手段比较有效。使用哪些短期见效快的推广手段，使用哪些需要长期投入的推广手段。

目前网店常见的推广方式主要有：电子商务平台内部的推广工具以及付费推

广手段、通过搜索进行的竞价排名和优化(SEO 和 SEM)。近几年随着社会化媒体如微博、微信的发展,很多淘宝网店开始在微博、微信上进行产品营销,通过链接来增加网店的点击率,以此来增加销售量。

课 堂 讨 论

你还知道哪些可以用来推广店铺的营销方法?向同学们作简要介绍。

确定好推广的手段和方法之后,就可以有针对性地制定其他的相关策略。

2. 推广团队的确定

工作的基本方法和手段确定后,最重要的是执行,提到执行,就要有负责的相关人员或团队。组建合适的推广团队是推广的重要条件。至于团队的大小,根据网店经营的规模来定,对于初创的网店来说,有可能经营者自己就负责了全部的工作,或者有1~2个合伙人,其中1人来兼职负责推广工作。对于相对较大规模的网店来说,可能有1~2个专门负责网络推广的人员。但是无论是多大规模的团队,都需要按照计划将团队人员进行分工,责任到人,并严格制定推广的执行时间,提高方案的执行率。只有高的执行率才能降低推广成本。

3. 推广的费用预算

想要有效地执行网店推广方案,还要制定严格的预算方案。对于预算的制定主要依据有两个方面:一是公司能接受的推广投入,这跟网店经营的规模有关,根据投入范围来制定分别在哪种方式上投入多少资金;二是选择投入工具和推广方式,分别根据每种投入方式来计算投入资金,将投入资金控制在企业可控制的范围之内。对于初创的个人网店来说,一般都会比较优先选择微博这样的免费推广,以及平台内的付费推广。

4. 推广的预期效果

制定了推广策略、推广手段、预算等基本要素之后,还有一个重要的部分就是要确定我们的推广计划在一定时间内预期要达到的效果。如果没有时间性、没有预期效果,我们就无从朝某一个预期目标去努力,并且在推广过程中无法很有效地把握推广进度,也就无法及时调整推广策略。如果没有确定好时间性和预期目标,我们也无从对推广的有效性进行评估。

案例分享

小吴的营销方略

小吴在淘宝上经营了一家球鞋店铺,目前这家店铺平均利润达到了4000元/月,他也从原来的兼职小卖家成为4钻信誉的专职大掌柜。

在小吴看来,在淘宝上开店,货源和价格是首要条件,但是真正想把生意做大做好,还需要宣传,要将自己的店铺和产品宣传得人尽皆知,即使做不到人尽皆知,也要让很多盲目的顾客能率先搜索到。

对于店铺的宣传,小吴有他的独到之处。进入小吴的店,给人印象最深刻的恐怕就是店铺的装修。时尚动感的色彩搭配、大气却又不乏细致的布局、鲜亮的宝贝图片,加上闪闪的4钻信誉,立即给人以正规可靠的感觉。据小吴介绍说,这个旺铺模板是他专门请专业的设计师设计的,开门做生意形象很重要,由于店铺经营的都是品牌球鞋,所以只有装修上去了才可以衬托出产品的档次,让顾客感到物有所值,甚至物超所值。

由于淘宝上给客户展示商品的方式主要是通过图片和文字介绍,所以点中宝贝的图片除了球鞋厂商提供的产品介绍图外,为了方便顾客挑选,小吴还为库存的每款球鞋从多个角度拍摄了照片。虽然整个过程工作量很大,但是多角度的实物拍摄,免去了很多顾客的顾虑,也减少了顾客因为实物和图片有所出入而导致的退货问题。

店铺装修、店铺名称、商品名字以及商品描述等都属于内功,只有练好了内功才可以留住来访问的客户,而吸引客户访问则需要练好外功。以下是小吴经常使用并且收到了一定效果的对外宣传手段。

1. 购买旺铺以及加入消费者保障服务

旺铺拥有普通店铺无可比拟的优势,其模板可自定义的项目更多,模板布局更为大方,卖家可以通过图片和文字更好地对自己的商品进行展示。消费者保障服务可以在一定程度上提高卖家的信誉度,同时也可以减少消费者的购物顾虑,让消费者放心购买。

2. 充分利用自己的空间

在个人空间写点关于自己和所经营商品的文章,可以让客户更加了解自己,从而拉近与客户之间的距离。例如,经营化妆护肤品的卖家可以在空间或者产品描述中附上详细介绍、使用方法和用后心得的经验分享,这会大大提升商品的销量和顾客的黏性。

3. 积极到消费者社区发表帖子

消费者社区是淘宝网的消费者购物交流的平台,拥有很旺的人气,卖家经常在社区发表帖子和回复帖子,可以提高自己的知名度。如果自己的帖子被设置为精华帖,将带来不少的浏览量,同时也会为店铺带来潜在的客户。

4. 交换友情超链接

合适的友情超链接可以给店铺带来不小的流量,挑选一些经营的商品与自己的经营项目相关又不构成竞争关系的店铺交换友情链接。

5. 参加淘宝举办的各种促销活动

淘宝举办的促销活动有免费的和收费的,卖家可以根据自己的实际经营情况有针对性地参加。目前比较流行的促销活动有淘客推广活动,按成交量付费,适合大部分卖家。当然,有一定财力的卖家也可以购买淘宝广告位,虽然价格不菲,但是带来的效果却是十分可观的。

6. 店内开展促销活动

在自己的店铺中经常举办一些促销活动,除了在店铺的促销栏中进行宣传外,还可以通过更换阿里旺旺的头像、论坛签名以及通过阿里旺旺群发消息等方式进行宣传。需要注意的是,群发消息容易引起消费者的反感,甚至导致投诉,需要慎用。

本节任务

完成网店推广营销策划书

任务背景

你在淘宝开了一家经营学生文具的网店,但是网店的点击率和销量并不是很理想,你打算在网上进行推广,提高网店的点击率。现在你要做一个推广计划。

网店名称:小博士文具店

客户对象:学生群体

任务要求

按照以下提供的计划书提纲方案,补充完成小博士文具店的推广计划。

小博士文具店推广计划书

一、小博士文具店推广目标

二、推广手段

  1. 微博推广,发布相关商品介绍链接到微博,增加微博粉丝数量。

  2.

  3.

  4.

三、预期效果

四、预算

课后思考与练习

1. 你知道为什么要制订网店的推广和营销方案吗?请简述。

2. 在制订网店的推广和营销方案的过程中需要考虑哪些因素?请简述。

任务 2　平台内营销策划

☼ 任务目标

1. 了解目前主流的平台内店铺推广工具；
2. 能够根据市场情况选择合适的平台内推广工具。

☼ 知识储备

电子商务平台内部一般都有推广工具和方式，每一种活动资源具有不同的推广特点、推广形式及推广效果，如果能充分利用平台内的推广手段，应该说是非常具有针对性的。

我们以目前最大的电子商务平台淘宝网举例来讲，淘宝网上会有一些供网店经营卖家选择的推广工具。由于大部分个人消费者都习惯上淘宝去进行网上购物，因此如果是淘宝上的网店卖家，只要有效选择具有针对性的淘宝平台的推广工具或者营销活动，就可以起到推广店铺的效果。

我们以淘宝网为例介绍几种比较普遍常用的店铺推广工具。

一、宝贝推荐

宝贝推荐是淘宝网专门为卖家提供的一种基于店铺推荐位的商品信息推荐工具，宝贝推荐不仅能使卖家商品信息在店铺中间最显眼的位置展现出来，而且还可以在每件商品详细页面底部也获得同步展现。同时，还能在阿里旺旺聊天对话框中显示商品推荐信息。宝贝推荐具有同步的全方位推荐功能，有利于卖家店铺商品获得高度"曝光"的几率，从而大大提高卖家店铺的点击率。

二、店铺交流区

店铺交流区主要用于卖家与买家进行互动，尤其为卖家提供基于留言信息功能的商品优惠信息发布,而为卖家提供宝贝购买事项及购买技巧方面帮助的信息平台。在店铺交流区里,可以通过交流区中交流信息量的多少直接判断出该店铺的受关注程度。同时,卖家可以通过优质的服务来提高交流区的得分率,增加卖家的信誉度,从而进一步获取更大的店铺流量。

三、友情链接

友情链接是指为了提高店铺的流量,增加客户对店铺的访问率,店铺和其他店铺通过店标或店铺名称等为链接载体,所进行的相互链接。

在进行友情链接时,一般要求对方店铺和自己店铺所经营的商品有一定的联系,这样顾客在访问对方店铺的时候就有可能通过链接访问到你的店铺。在自己的店铺也是一样,不要增加与自己经营商品无关联的店铺链接。否则会弄巧成拙,降低店铺的专业度。

四、个人空间

个人空间类似于博客,是淘宝内部的一个供店铺经营者自由发挥的地方。如果对个人空间进行精心设置,并经常发表与自己店铺商品有关的文章,编写高质量的日记,这将是一个非常有用的宣传窗口。如店铺是经营护肤品,那么店主可以在空间内编写相关护肤品的使用说明、使用心得,推荐一些自己使用过非常好的产品,这将是非常有效的宣传手段。很多顾客会因为看了你的文章而点击你的店铺并购买。

五、发布广告

任何一个电商平台都有发布广告的功能,按照广告发布位置和发布时间来收费。但是群发的广告应该要尽量精准并且不要太过频繁,否则会引起用户的反感导致你的店铺被屏蔽。

六、店内促销工具

不同的网店交易平台提供的店铺促销工具各有不同,总体上来看,淘宝网上的店铺促销工具相对比较完善,功能较强大。以下列举几个促销工具来加以说明。

1. 满就送促销宣传

满就送推广工具是淘宝网基于旺铺,为卖家所提供的便于进行价格让渡、礼品赠送、积分赠送以及邮费减免等促销活动快捷设置的店铺营销平台。通过这个平台可以给卖家带来更多的店铺流量。让卖家的店铺促销活动可以面向全网推广,将便宜、优惠的店铺促销活动推广到卖家所寻找的店铺购物路径当中,缩减买家购物途径的购物成本。

通过这个促销工具,可以提升店铺流量、提高转化率、增加客户订单数量和订单额度。

2. 限时打折促销宣传

限时打折是淘宝针对在自己店铺中选择一定数量的商品在特定的时间段中以低于市场的价格进行促销活动的卖家所提供的促销工具。卖家通过订购方式获得此推广工具后,便可以开展商品限时打折促销活动推广。那么通过这个活动,也可以增加顾客的点击率,如果店铺经营的好,也会通过此活动来获得回头客。

3. 搭配套餐促销宣传

搭配套餐是基于淘宝旺铺,针对欲将几种商品组合在一起,形成套餐组合进行捆绑销售的卖家所提供的快捷促销推广工具。通过促销套餐可以让买家一次性购买更多的商品,有利于提升店铺的销售业绩,提高店铺购买转化率,增加销售订单数和商品曝光力度。

4. 店铺优惠券促销宣传

店铺优惠券是在卖家开通营销套餐或会员关系管理后,淘宝以店铺为单位,发放给卖家的具有一定面值的优惠券,优惠券可用于会员在第二次购买商品时直接抵用的一种虚拟电子现金券。店铺优惠券仅用于会员,卖家应根据实际情况谨慎选用发放的面额、数量以及有效时间。

七、会员关系管理工具

会员关系管理工具是帮助卖家管理自己会员的工具,通过会员关系管理工具卖家可以充分了解自己会员的信息,针对不同的会员帮助推荐更合理的营销方式,同时卖家还可以通过顾客的购买次数等加深与顾客的联系,提高会员的忠诚度。

通过会员关系管理工具,卖家可以根据顾客购买的金额和件数设置会员的等级,设置差异化管理,让顾客感受到店铺对于顾客的回馈和重视,愿意长期在同一个店铺购买同类产品。

 补充知识

淘宝付费营销推广

淘宝网是目前大众所习惯的网购网站,因为淘宝中不仅有很多商家进驻的天猫商城,也有中小或个体经营者经营的网店。随着多年的发展成熟,淘宝网内的付费推广体系也是非常成熟的。网店经营者可以选择适合自己网店的付费推广方式。

一、淘宝直通车促销宣传

淘宝直通车店铺推广是淘宝直通车单品推广的一种补充形式,在满足卖家同时对多个同类型商品进行推广的同时,进一步满足传递店铺独特品牌形象的需求,特别适合向带有较模糊购买意向的买家推荐意向产品。例如,买家搜索"家居用品",淘宝直通车就可以根据卖家事先为店铺推广设置好的推广位展现卖家店铺形象,并吸引买家进入到店铺中所有皮革箱包商品的集合页面,为买家展现更多的皮革箱包产品,在为买家扩大商品选购范围的同时,也为卖家店铺带来更多的客流量,提高商品成交的概率。

二、钻石展位促销宣传

钻石展位是专为有更高推广需求的卖家量身定制的推广工具。在展位选择时,所有展位都是通过对淘宝最优质的展示位置进行竞选而来,通过竞价排序,按照展现计费。钻石展位还可以为卖家提供最大弹性的效果提升空间,其中促销活动、推广入口、推广产品都会成为影响展现效果的直接因素,如果卖家能对以上因素进行合理的搭配,将会产生非常好的连锁效应。

三、超级麦霸促销宣传

超级麦霸是针对不同类型卖家的推广需求所指定的不同主题的促销推广活动,并保证每周进行一次不同主题的更新,是淘宝网推出的商品展示集中区域,该集中区搜集了全网最热卖的商品。

四、淘宝客促销宣传

"淘宝客"是指帮助卖家推广商品获取佣金报酬的专业群体,是一种按成交付费的广告形式。只要通过淘宝商品的推广代码在网站、博客、论坛或其他地方推广宣传链接,使购买者通过推广链接进入淘宝店店铺购买商品并确认付款后,就能获取由卖家支付的0.5‰~50%不等的报酬。该群体无须成本投入,实现零成本创业。

以上简单介绍了集中在淘宝利用率比较高的付费推广模式,对于选择在淘宝网进行创业开店的毕业生来说,可以参考使用,以此来带动自己店铺的流量,增加店铺的成交量。

本节任务

1. 登录淘宝网站,进入卖家服务界面,了解淘宝为卖家提供的推广工具。把你所了解的推广工具如何使用讲解给大家听。

2. 登录淘宝网首页,查看首页都有哪些板块,哪些板块是通过推广展示出来的?

课后思考与练习

到其他非淘宝商务平台了解一些店铺推广的工具,向同学们进行介绍。

任务 3　搜索引擎优化推广

☼ 任务目标

1. 掌握搜索引擎推广的相关知识;
2. 能够应用搜索引擎进行网店的 SEO 优化和推广。

☼ 知识储备

SEO 是"search engine optimization"的缩写,其中文含义是搜索引擎优化。主要方法是通过对网站的关键字、主题、链接、结构、标签、排版等各方面进行优化,使用户在百度等搜索网站上更容易搜索到网站的内容,并且让网站的各个网页在各个搜索门户网站中获得较高的评分和展现率,能通过搜索展示在排名靠前的位置,更容易被相关用户关注或点击,从而增加销售的机会。

在电子商务平台开设网店,平台内的推广方式主要是针对已经熟悉在该平台浏览商品的网购消费群体来设计的。但是对于很多更加盲目的用户来说,没有登录特定的电子商务平台,而是比较盲目地在一些搜索门户网站,如百度、谷歌等,去搜索相关商品的信息的时候,这种情况下就很有必要进行 SEO 推广。因为这样的消费群体比较盲目,或者说他们通过搜索想要了解的并不仅仅是特定商品的价格信息,而是想从其他方面了解到更多的关于同类商品信息的时候,这就有机会使顾客通过 SEO 推广在搜索网站搜索到网店销售的该商品信息,从而增加购买的机会。

一、常用的 SEO 方式

1. 关键字分析

关键字分析是 SEO 优化最重要的内容,因为当顾客在去搜索网站进行搜索的时候,顾客搜索的那个词可以说就是关键词。而在 SEO 推广中,需要将我们经营业务或者商品的关键词提炼出来,期望通过消费者的搜索来连接关联到我们的网店。关键词分析包括:关键词关注量分析、竞争对手分析、关键字与网站相关性分析、关键字布置、关键字排名预测。

2. 网站架构分析

网站结构符合搜索引擎的爬虫喜好则有助于 SEO 优化。网站架构分析包括提出网站架构不良设计,实现树状目录结构、网站导航与链接优化。

3. 网页页面优化

SEO 不止是让网站首页在搜索引擎中有好的排名,更重要的是让网站每个页面都带来流量。

4. 内容发布和链接布置

搜索引擎喜欢有规律的网站内容更新,所以合理安排网站内容发布日程是 SEO 优化的重要技巧之一。链接布置则把整个网站有机地串联起来,让搜索引擎明白每个网页的重要性和关键字。

5. 建立高质量的友情链接

在同类且点击率高的网站建立友情链接,有助于帮助推广自己的网页。对于开淘宝网店的个体经营者来说,想要低成本地进行 SEO 优化,可以选择在很多开放性的论坛、社区发布自己经营店铺和商品相关的软文。并且在撰写发布软文之前,能够提炼出高质量的关键词。发的文章越多,那么搜索网站后台抓举关键词的几率就越大,同时意味着你的软文宣传就会被搜索网站抓取出来并出现在比较靠前的位置,从而提高购买者点击网店页面并进行购买的几率。

二、网店的 SEO 推广方式

网店经营者如何运用 SEO 方式来进行自己的网店推广呢?主要关键要素有以下几方面:

1. 品牌定位

通常作为消费购买群体来进行特定的搜索的时候,我们总会以搜索目标的某一特性来作为关键词。那么品牌就是一种指向很明确的关键词。这种方式比较适合于品牌意向很明确的购买人群。以淘宝网店为例,品牌是淘宝品牌分类里的一级目录,常见的知名品牌都会在这个类别下体现。那么作为 SEO 推广策划人员来说,品牌作为关键词,必须精准。如果你的网店是经营某几类知名品牌的商品,那么品牌名称将是重要的关键词之一。

登录 ECSS 电子商务网店经营实训平台,进入"模拟淘宝"实训平台,可以看到在模拟淘宝首页就会有搜索位置,如果是以品牌为关键词来搜索,就要求你在商品描述时精准的定位品牌,这样就有可能通过搜索栏搜索到你所经营的品牌商品。

从 ECSS 平台首页左侧的导航栏中进入"模拟淘宝"。

图 5-1　ECSS 首页

2. 细分产品定位

细分产品定位需带限定的产品词,如"女士旅行背包"。这些关键词都对商品的性质、用途等有了较为明确的规定,能够表明客户的明确的需求,设定好这样的关键词,可以争取到一些潜在客户。

图 5-2 ECSS 模拟淘宝的搜索位置

登录 ECSS 实训平台,可以看到一些产品在首页的描述,如图 5-3 所示:

图 5-3 ECSS 模拟淘宝首页商品展示

如图 5-4 中的商品"春季尼龙休闲裤",就是以季节和质地面料来作为商品名称描述。所以在定位关键词的时候还要定位好产品的特点、性质、用途等描述的关键词。

图 5-4 ECSS 商品描述

3. 通用词定位

通用词定位的特点是字数少,不包含品牌等描述,通常是比较直接的商品名称本身。如有的顾客想买面膜,但对品牌没有什么要求,会直接以"面膜"为关键词进行搜索。这样关键词表明购买者有一些产品的购买意向,但是对于类别不明确。

4. 人群定位

人群定位与产品相关性较小,但却与目标受众所表现出的兴趣点相关联。例如,搜索"手机壳"的购买者可能还会对"手机链"有需求,这也是在定位关键词时可以参考考虑的。

想一想,对于怀孕的妇女来说,这些人群会对哪些商品有需求?

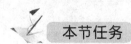

根据下面这个网店的商品,提炼出你认为必须的商品关键词,并以关键词为核心展开对商品的描述。

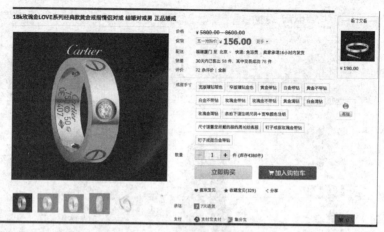

关键词：_____

根据你所提炼出的商品关键词，写一段关于此商品的描述。

要求：尽量多体现你认为重要的关键词。

 课后思考与练习

1. 名词解释

SEO 推广 关键字分析 品牌定位 通用词定位

2. 简答题

简要描述 SEO 的几种推广方式。

任务 4　论坛及博客营销推广

☼ **任务目标**

1. 掌握 BBS 推广的技巧和方法；
2. 掌握博客推广的方法和技巧；
3. 掌握微博推广的方法和技巧；
4. 了解微博作为推广方式的价值。

☼ **知识储备**

一、BBS 论坛推广

BBS 在国内一般被称作网络论坛，是在互联网诞生之初就存在的形式。人们很早就开始利用论坛进行各种各样的营销活动。论坛里聚集了对某些特定主题内容关注的特定群体，因此在网店刚开始的时候，还没有特定的顾客，这种情况下选用论坛进行推广是非常好的形式。

论坛推广就是个人或组织利用网络交流的平台，通过文字、图片、视频等方式发布企业产品和服务的信息，从而让目标客户更加深刻地了解企业的产品和服务，达到宣传企业品牌、加深市场认知度和网络营销活动。

（一）论坛的分类

1. 综合类论坛

综合类论坛包含的信息比较丰富和广泛，能够吸引很多网页来到论坛休闲娱乐，比如天涯论坛。这样的论坛更多地是作为人们的娱乐阵地，弊端是缺乏精准的人群定位。

2. 专题类论坛

相比综合类论坛而言，专题类论坛能够吸引真正关注同一领域的人群，这个特定人群带着同样的目的来到论坛进行交流。这样的论坛功能性更强，使用人群更加精准化。

（二）论坛推广方法

1. 所选论坛和我们所要推广的内容一定是有联系的，比如你经营的是电子设备网店，那么你所选择的 BBS 论坛一定是讨论电子产品的专门论坛，如"中关村在线"网站里的 BBS 论坛，在这样的专题论坛中，大家讨论的都是跟电子产品相关的问题，因此很容易找到相关的潜在客户群体。

2. 选择人气高的论坛。如果一个论坛人气旺盛，那么意味着你的潜在客户群体就多，如果一个论坛并不为广大网民所熟悉，那么你发了的文章想必看到的人是很少的。

3. 仔细阅读版区规则。很多论坛的版块里都有版区规则，在发帖的时候标题有一个固定的格式，或者在内容上有一些规则要求。如果违反了规则，很可能有被屏蔽的危险。

4. 精编标题。标题是网友们看见帖子的第一印象，如果你想让更多的人看你发出的帖子，那么你的标题一定要做得有吸引力，能在第一时间抓住网友的眼球。

5. 发布的帖子要与版块专题内容相关。你的推广帖的链接以及标题一定要和你发出的内容相关，而你的内容也要和所在 BBS 的版块栏目内容相关，如果是纯粹的广告帖，与版块内容没有关系，那么有可能会被版主删除。

很多社区网站都有论坛，我们选择的依据就是宣传帖子内容要与 BBS 论坛的性质内容相关。那么如果选择在淘宝网站开设网店，淘宝网内就要有社区论坛，经常在淘宝购物的买家也会去淘宝社区论坛看看大家的购物心得和购物推荐，因此在淘宝社区推荐你的网店和产品也是不错的选择。

二、微博营销推广

博客是大家都非常熟悉的网络形式，每个人都可以在博客平台上注册个人博客来发布文章。网店的经营者利用博客平台,发布与自己网店相关的商品介绍等内容的文章,成为了网店经营者非常愿意选择且无投资的一种推广方式。

随着移动互联网和3G手机网络的发展,在近几年又出现了人们所非常熟悉的微博客,俗称"微博"。微博精短简练,只要有手机和网络,发微博非常方便,微博的链接推广也成为了近一两年来网店经营者们的主要推广模式之一。

(一) 博客推广

博客推广也就是利用博客进行软文营销,发布与网店及网店经营商品相关的内容,通过这种方式让阅读者获得对商品的认识,加深对商品的了解,从而增加购买的概率。

当然网店的博客推广并不是要在博客上赤裸裸地进行网店商品的销售推广,而是从商品的其他角度切入,将营销的目标隐藏在其中,无论是通过故事也好,还是通过分享心得体会也好,总的来说都是通过博文来挖掘商品潜在的优点特性,并将这种优点特性与顾客和阅读博文的潜在用户联系起来。这样的推广方式给潜在客户的感觉并不是推销,而是用户直接去了解,是一种主动性较强的行为方式,如果博客经营的好,博文质量高,吸引相关用户经常来阅读,那么将会是一种非常好的推广方式。但博客的经营是一个长期持续的工作,不是短期内能见效的方式,因此这种方式重在坚持和长期经营。

博客推广方式注意事项如下。

1. 确立博客定位目标

确立博客的目标是推广网店,但是博客要建立成一个什么样的博客,则是博客的定位。对于网店卖家来说,博客的内容主要考虑两方面的内容:网店经销商品的知识与心得。如商品使用的方法介绍、使用后的感受体会等。

2. 确定博客名称与内容

博客的名称最好与网店名称有一定的联系,这样对于先关注到你的博客的客户来说,当他们了解到还有专门经营商品的网店,就会根据名称很容易找到你的网店。在博客内容的撰写上,最好体现个人化、私人化的倾向,并且内容一定是自己用心去写的,这样才可能获得长期关注你以及对你的博文感兴趣的粉丝。

博文内容应该以帮助用户的心态，从用户的角度去写，这样才能更有真实感，也容易被信赖。可以从以下几方面着手。

（1）从制作过程和原材料出发，介绍你的商品是如何制造的。例如一个经营精油手工皂的网店，可以从精油皂的制作原料、制作过程、制作工艺等方面来介绍，以此来体现出精油皂的优点。

（2）从商品用途出发，介绍产品的使用方法、使用后的效果、使用对象等。并以亲身体会或者真实的案例去描述商品的特性。

（3）从商品的趣闻出发，介绍和商品有关的趣事。并且如果有一些名人趣事，则能有助对商品的宣传。

（4）可以从时尚的角度出发，编写与商品相关的时尚信息。如一个经营服饰的商品，可以编写教你穿衣搭配的时尚穿衣方法，也可以附上一些明星的穿衣图片，也可以发布一些市场潮流文章，来帮助推销你的时尚服饰。

那么怎么样推广博客以达到推广网店呢，要注意以下几方面的事项：

（1）定时更新。只有经常更新，才可能吸引读者经常光顾浏览，增加点击量；

（2）参加一些论坛、社区或者博客平台里的相关话题讨论，可以吸引一些和你有同样兴趣爱好的朋友光顾你的博客。比如你参加了社区的关于美白心得的话题，并介绍自己的经验，那么参加话题的人肯定是对"美白"非常感兴趣的，那么在你介绍了你的经验之后，肯定有人愿意与你探讨相关经验，也可以介绍他/她去你的博客去看看，这样就增加了他们关注你、关注你的网店的概率。

（3）及时地回答别人在你博客中的评论，并回访。如果你的博客的文章是已介绍方法、心得、经验分享类的，那么关注你的博客的人肯定会给你评论，或者向你咨询相关问题。因此你一定在不发布博文的时候，也要经常登录你的博客，对于评论和咨询一定要及时地回应，耐心地解答他人的提问。

（二）微博推广

随着3G网络的发展，移动互联网和基于手机的社会化媒体发展迅速，出现了诸如微博、微信这样的互联网媒体形式。对于个人来说，零成本投入，每个人都将是一个自媒体，每个人都在互联网中都有一定的话语权，并且可以通过吸引众多的粉丝来提高自己的知名度和影响力。

"微博"即微型博客,是互联网 web 3.0 时代的产物。国际上最具知名度和影响力的微博是 Twitter,用户量已达到 3500 万。国内的微博网站比较占据主流的是新浪、腾讯、搜狐这几家比较大的门户网站推出的微博,能够实现网页和移动端的同步使用。

微博有如下特点,这也是微博营销之所以兴起的原因。

1. 准入门槛低。传统博客强调版本布置与语言的组织,一篇文章虽然没有字数的要求,但是如果没有思想性、知识性、文学性,或者对他人帮助较少的文章是不会受到关注的。因此要求博主花时间、花精力去组织文字,编写高质量的文章,这就对博主的文字编写能力有一定的要求,并且需要持之以恒。因此博客就像人们写日记一样,容易随心而为,很难做到持之以恒。但微博就不一样了,只要是一个会用手机打字的人,都会使用微博,并且微博能够通过手机的随拍同时上传图片,很容易就能做到"图文并茂"。

2. 即时通讯的原创性。对于每篇微博"不超过 140 个字"的要求,注定了人们用 1 分钟就可以编写一条微博,并且随着互联网的发展,人们基本都是用手机来发微博,这就突破了必须"在固定场所坐在有网络的电脑前"的场所性限制。无论你在哪里,只要手机有网络,就可以发布信息,发布图片。你在一个餐馆就餐,觉得餐馆环境不错,餐点的味道不错,就可以通过拍照即时发到微博上推荐给朋友,如果你正好是一个有影响力的人,那么你的一条微博必然会帮助这个餐馆带来不少的顾客。这就是为什么这两年很多餐馆要求通过微博发送带有定位的微博的原因。微博可以说是在实时性、现场感以及快捷性的方面超过了所有的媒体。

3. 更强的互动性。与博客不同,博客虽然可以实现评论等功能,但仍然是以单一的阅读为主,通过阅读来获取一些信息和知识。而微博通过不超过 140 个字和图片的分享,可以即时地与他人互动,这些人无论是你的朋友还是陌生人,只要对你的话题感兴趣,都可以随时与你互动。微博是一种双向互动甚至多向互动的模式。正是因为互动性更强,因此也更能聚集兴趣爱好相同的人。网店经营者可以将网店的商品通过微博发布,并附上简单的说明和网店链接,也可以通过市场搭配来帮助营销你网店的商品。感兴趣的潜在客户可以通过微博关注你,向你咨询并有可能进入你的网店购买。

下图则是一个淘宝网店卖家的微博信息,微博发布了网店正在搞活动销售信息,并且附上了网店的购买链接,可以通过店家"去购买"直接链接到网店的该款产品,应该说对于关注此微博的用户来说提供了极大的方便,并且我们看到此条微博有 36 次被转发的记录,表示有 36 个微博用户转发了此条信息,那么通过转发又扩大了这条微博信息的可见范围,起到了非常好的营销推广作用。

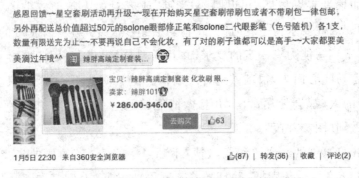

图 5-5　淘宝网店卖家的微博信息

微博推广营销的价值:

1. 微博是强大的信息发布平台

"当你的微博粉丝超过 100 人,你就是在发布一本内刊;超过 1000 人,你就是在掌管一个布告栏;超过 1 万人,你就是在出版一本杂志;超过 10 万人,你就是在出版 1 份都市报纸;超过 1 个亿,你就是中央电视台。"这段在网络中流行的话充分说明了微博信息发布功能的强大,也意味着你的粉丝越多,你的影响力越大,你说的话能被更多的人看到或转发,甚至成为影响他人的平台。

2. 提高个人或组织的影响力

好的微博用户,尤其是企业用户和有影响力的个人用户,都可以通过微博来宣传个人和组织的新闻、动态,从而提高影响力。通过发微博来讲述有趣的故事、消息,发表自己独到的看法见解,推广自己的产品。通过发微博,可以很好地起到推广自己公司品牌、扩大影响力的作用。

3. 与客户良性互动，维护客户关系

微博可以作为低成本的客户维护平台，在微博上与客户互动，解答客户的问题，也可以通过关注、评论客户微博，拉近与客户的关系。而且微博作为维护客户关系的工具来说，成本是极低的，是淘宝网店的不错的选择。

4. 降低网站推广费用

微博可以降低网站推广的费用。百度、谷歌、雅虎等搜索引擎有强大的博客内容检索功能，可以利用"微博"来增加被搜索引擎收录的网页质量，提高网页搜索引擎的可见性。利用这一优势只要在"微博"网站上开设账号即可免费发布微博信息。当一个企业网站知名度不高、访问量较低的时候，往往很难找到有价值的网站给自己的网站做链接，此时则可以利用微博进行网站的链接平台。

5. 微博是天然的市场风险管理系统

卖家在开展微博营销之初，首先，要建立危机处理体系，从危机的预防、处理到危机的恢复，都应有体系、流程和制度作为保证；其次，要做好舆情监测工作，确保在第一时间发现了危机的源头，了解危机动向，对热点进行识别，通过分类、聚类分析，判断用户发布信息的倾向和趋势；最后，主动、系统、全面地进行正面信息传播，积极承担企业责任，树立正面企业形象。在网店内的用户差评不会影响到网店的正常运营，但是如果在微博上出现铺天盖地的负面信息的话，对于个人和组织来说都将是重创。

总的来看，微博让企业得以与消费者创建了一种更平等、更紧密、更亲切的关系，而这种关系的建立和维护，将是企业达成品牌、销售、CRM等诸多诉求的前提。

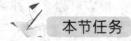

本节任务

任务一 案例分析

1. 下面（如下图5-6所示）是一个淘宝网店主的网易博客，博客有着非常高的点击访问量，请通过首页界面分析总结这个博客的优点。

2. 在网易上搜索这个博客，进入博客查看博文和博主的网店，分析这个博客

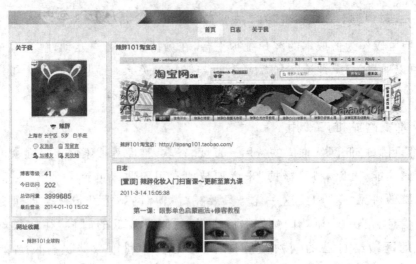

图 5-6 网易博客某淘宝店主的

和淘宝网店关注度极高的原因。将你认为值得学习的优点写在下方。

_____
_____
_____

任务二 根据背景完成网店推广

任务背景

你在淘宝网开了一家经营韩版 T 恤的网店,开店已经有两个多月了。但是来网店光顾的人非常少,有时候 1 周都卖不出 1 件衣服。你知道有很多推广工具可以帮助推广你的网店,但是由于像你这样的网店非常多,推广起来都要花不少钱。作为刚毕业的学生,没有什么创业资金,因此你想到了通过开设博客来进行推广。上学的时候你就很愿意通过博客来写一些随感,博客对你来说并不陌生。因此你打算重新注册一个博客来进行网店的推广。具体可参考图 5-7 网站所示。

以下是你的网店信息:

1. 网店名称:韩都衣舍

2. 经营范围:休闲短袖 T 恤

图 5-7 韩都衣舍淘宝店

任务要求

1. 在新浪或者网易开通博客,并对博客进行命名和风格的修饰。

2. 发布一篇和你的网店有关联的博文,选题和内容不限。

3. 将你的博客链接分享给其他同学,并讲讲你的博客的定位和推广网店的思路。

 课后思考与练习

1. 博客推广和微博推广有什么区别?各自有哪些特点?

2. 结合所学的网店推广方式,对比微博的信息沟通模式,说明采用微博进行店铺推广的价值。

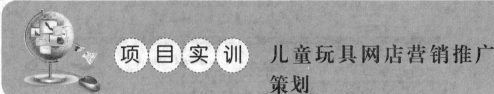

项目实训 儿童玩具网店营销推广策划

☼ 实训目标

通过本次实训,能够达到以下目标。

1. 根据网店特点制订网店营销的推广方案;
2. 能够通过网络等媒体形态进行网店及产品的宣传。

☼ 项目背景

在你的儿童玩具网店经营了一段时间后,你发现顾客非常少。而且通过了解,顾客都是通过分类里浏览了很多家店铺之后才看到你的网店的。对于大部分顾客来说,都是通过首页看到的,或者是通过搜索后浏览的前1~3页的网店或相关商品。你自己搜索了一下"儿童玩具"发现前10页都没有你的网店信息。所以你决定针对自己的网店做一些宣传和营销策划。

☼ 实训任务及安排

1. 登录 ECSS 系统,开设一个儿童玩具网店。
2. 分组,每3人一个小组。合作完成网店推广策划书。
3. 选择一个你的网店的玩具商品,在博客上作一篇宣传该商品的博文。
4. 开通微博,在你的微博上进行10条网店或相关商品的微博宣传。
5. 每两个小组的观察员在完成任务的过程中相互观察,并进行评分。注意在评分的过程中不要向对方小组泄露每项分数。
6. 每个小组拿到自己的评估结果之后,看看自己存在哪些不足,哪些是自己认可的,哪些是不认可的。对于那些不认可的地方要与对方小组进行沟通讨论。
7. 教师评选出最优秀的小组进行结果展示。

☼ 实训评估

实训评估表参见 p.31。

☼ 本项目知识回顾

电子商务的迅速发展,让在线交易平台和网店也越来越多,很多网店也在设计独具创意的网店特色和经营模式来吸引日益庞大的网购交易群体。但是除了独具创意的特点之外,要想在众多的网店中优先被消费者发现,还是要借助于一定的营销和推广手段。

本节项目中重点以淘宝平台为例,介绍了几种平台内的网店推广方式,也介绍了平台外部的推广方式,如BBS推广、微博营销、博客推广等。但无论运用哪一种推广方式,一定要做好推广计划,进行持续的、有计划、有目标的推广方式。总体来说,根据你的网店定位,设定合理的推广预算,根据预算选择预算范围内的推广方式。对于知名的电子商务平台内的网店经营者来说,选择平台内部的推广工具,就可以让自己的网店排到一个比较靠前的位置,或者参与平台内部的促销等节日活动,都可以起到一个非常好的推广作用。

除了平台的推广方式,网店经营者还可以选择运用当下的网络媒体形态,如BBS论坛、博客软文推广、微博链接推广等,这些方式的优势是不用资金投入,对于初开网店的经营者来说是非常合适经济的方式。但这样的推广方式必须经过比较长的一段时间才能见效,因此持之以恒、有计划地进行推广是非常重要的。

通过本项目的学习,希望同学们在网店创业的过程中,运用合适的推广营销方式,树立市场营销的思维模式,在网店经营过程中不要忽视营销的影响,选择有效的推广方式,加速网店的成长。

通过本项目的学习,你有哪些心得体会?

项目六
网店客户服务与管理

　　客户是我们一切经营活动的中心。我们所有的经营活动都是围绕着客户来进行的。我们通过装饰店铺、通过推广和营销，都是为了吸引更多的客户来光临我们的店铺。同时，当客户来到我们的店铺之后，我们也要想办法让他对我们的店铺感到满意，能够第二次、第三次以及更多次地来购买我们的商品。第一次光临的客户我们称之为新客户，多次光临的客户我们称之为老客户。老客户对网店经营者来说有着尤为珍贵的价值，特别是培养一些忠诚的老客户，他们会毫不犹豫地购买你的商品，对你的商品和店铺的价值能够认可，会关注店铺的各种活动，并且不吝惜时间来写很多字的商品评价。那么，如何将新客户变成老客户？又如何将老客户培养成忠诚客户？如何知道每个客户是哪种客户？针对不同的客户我们又该进行怎样的管理？这些都是网店经营者在进行客户服务与管理的工作中需要考虑的问题。

　　本项目需要学习和完成以下任务：

▶ 任务1　网店客户服务工具的使用

▶ 任务2　处理客户咨询及投诉

▶ 任务3　积极处理客户评价

▶ 任务4　网店客户关系管理和维护

任务 1　网店客户服务工具的使用

☼ **任务目标**

1. 了解常用的一些客户服务工具；
2. 能够下载并使用各种常用的客户服务工具。

☼ **知识储备**

目前各大 C2C 电子商务平台都有自己的官方客户服务工具，例如淘宝和天猫使用的是阿里旺旺，拍拍网使用的是 QQ，此外，越来越多的商家也开始使用微信进行销售。

一、阿里旺旺的使用

1. 阿里旺旺的主要功能

阿里旺旺是淘宝网以及天猫商城的卖家和买家之间沟通的桥梁。它分为卖家版和买家版，用户可以根据自己的角色选择对应的版本进行安装使用。阿里旺旺卖家版的主要功能有：

（1）随时联系客户

阿里旺旺可以将朋友及客户进行分类，例如新客户、老客户、大客户、重要客户等。根据需要随时与客户进行沟通联系。客户有疑问可以随时通过阿里旺旺来进行反馈。一般客户可以通过登录状态来了解你的在线信息，主要的登录状态有忙碌、在线、离线以及隐身等。

图 6-1　阿里旺旺的好友和客户分类界面

(2)网站宣传和信息更新

通过阿里旺旺卖家可以一次性发布批量的信息给买家,例如,通知老客户有新品上线或者告知近期有优惠活动等。另外,也可以通过个性签名栏发布自己网店的最新消息。买家用户登录阿里旺旺之后打开你的旺旺,就可以看到你发布的新状态,了解你的主要信息。

(3)丰富的系统功能

阿里旺旺具备非常强大的系统功能,用户在聊天过程中可以进行语音、视频、超大容量文件的传输、截图、丰富的交易动态表情等。

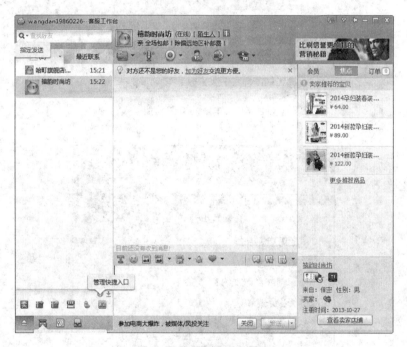

图6-2　阿里旺旺聊天界面

(4)多方商务洽谈

一个阿里旺旺账号可以同时支持30人在线洽谈。因此,当网店生意比较繁忙的时候不必担心阿里旺旺应付不过来,可以同时与多人进行沟通,增加沟通的效率。

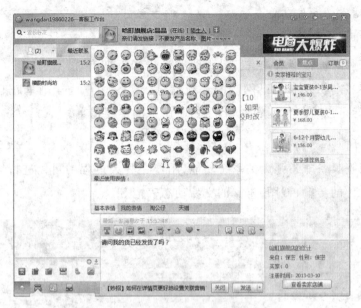

图 6-3 丰富的系统功能

图 6-4 支持多客户同时进行沟通

（5）免费商务服务

通过阿里旺旺，用户可以订阅行业资讯、商机快递等业务，随时了解商务信息;同时也可以把握天气状况、证券信息;另外,还有在线翻译、商务助理等功能,帮助卖家更轻松地获取各方信息,增加沟通效率。

图 6-5　可订阅的免费服务

对于淘宝和天猫的用户来说,阿里旺旺是最安全的沟通工具,它是淘宝唯一认可的聊天工具。买卖双方不必担心对方发过来的购物链接不够安全。阿里旺旺在发送商品链接时会自动显示商品的图片价格等信息,以此来判断对方的链接是否是安全的。同时,软件也会自动屏蔽监测到的钓鱼网站。

另外,如果沟通过程中发生了一些纠纷,那么阿里旺旺的沟通记录截图是唯一的、可靠的证据。

课 堂 讨 论

你用过阿里旺旺吗?你能说一说阿里旺旺还有什么特殊的功能吗?

2. 阿里旺旺的下载和安装

(1) 阿里旺旺的下载

阿里旺旺的下载地址为:http://wangwang.taobao.com/。打开后界面如下:

图6-6 阿里旺旺下载的界面

点击卖家用户入口,按照操作流程进行下载即可。

(2)阿里旺旺的安装

第一步,双击阿里旺旺卖家版软件,出现如下安装界面:

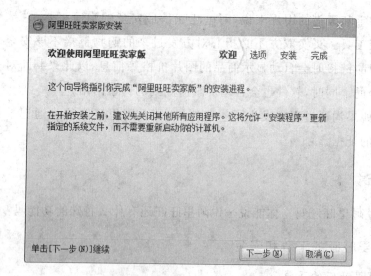

图6-7 阿里旺旺安装欢迎界面

第二步,点击下一步,出现安装许可协议的界面,如下:

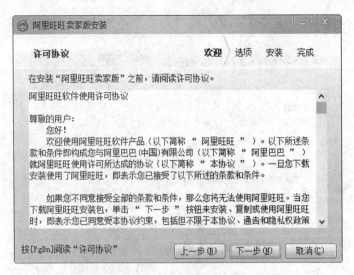

图 6-8　阿里旺旺安装许可协议界面

第三步，点击下一步，出现"选择安装位置"界面。

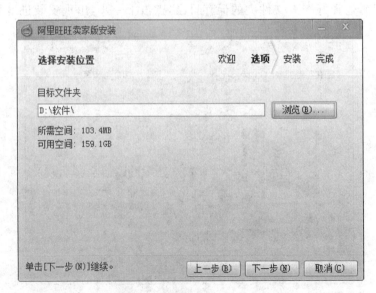

图 6-9　选择阿里旺旺安装位置

第四步，选择安装位置之后，点击下一步，出现个人文件夹的保存界面。

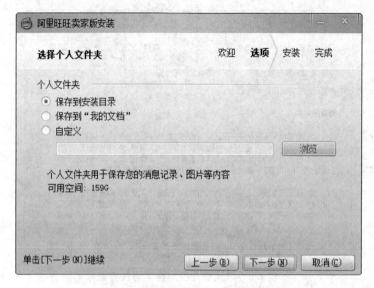

图 6-10 阿里旺旺安装许可协议界面

第五步,选择好个人文件夹的保存目录,点击下一步,出现安装进度界面。

图 6-11 安装进度界面

第六步,安装完成之后点击下一步,出现下面的界面,根据需要进行选择,最后点击完成。

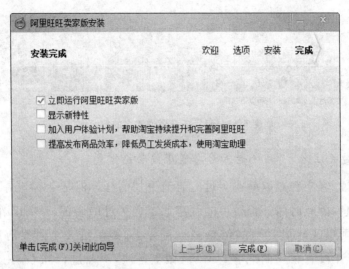

图 6-12 安装完成界面

3. 使用阿里旺旺进行网店销售和沟通的一些技巧

（1）充分利用阿里旺旺的个性签名栏进行网店和商品的宣传

这个功能很多卖家并没有进行利用，其实是一个浪费。个性签名是买家点击你的阿里旺旺之后最先了解的信息，如果只是空着或者写上一些没有用的信息，对店铺的宣传和销售就没有任何帮助。

在系统设置中的"个性设置"中可进行个性签名的设置。

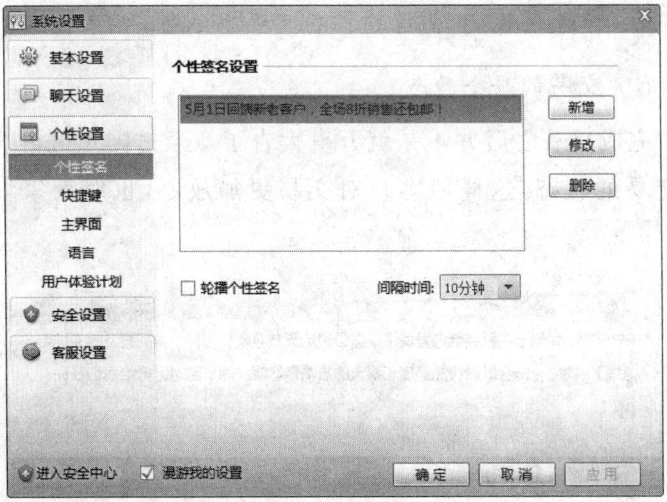

图 6-13 阿里旺旺个性签名的设置

图 6-14 阿里旺旺个性签名的显示

(2) 随时关注老客户,给老客户发送店铺动态信息

一般来说,客户会对以前购买过的店铺更加信任。但是老客户并不会主动关注卖家的信息,因此时间一长很可能就忘记了购买过的店铺。因此,作为卖家,应该主动利用阿里旺旺里客户的信息来进行分类,哪些是 3 个月没有联系的老客户,哪些是半年没有联系的老客户等等,做上备注,一一进行联系,让老客户能够了解到你的店铺动态。

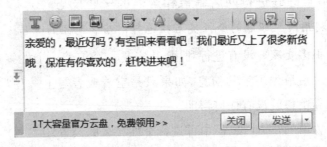

图 6-15 关注老客户

(3) 告知客户交易的每个动态

在与客户完成交易之后并不是就万事大吉了。通过阿里旺旺告诉买家货物的信息或者交易的状态,这样使客户对交易更加放心,也对商家增加的信任有好感。

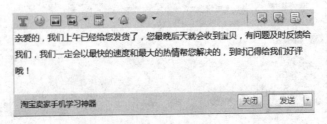

图 6-16 告知交易动态

（4）设置个性化的欢迎词及留言回复

阿里旺旺具备自动回复的功能。打开"系统设置"中的"客服设置"，点击"自动回复设置"出现下面的界面，即可对自动回复的内容进行设置了。自动回复对客户来说很重要，如果不能及时对客户进行回复的话很可能就会流失掉大量的潜在客户。

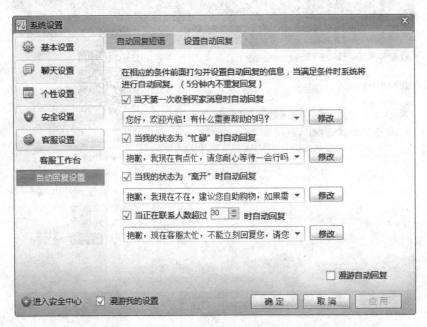

图 6-17　自动回复设置

自动回复的设置也不是一项随意的工作。如果回复的内容很没有礼貌或者没有热情，那些原本就没有耐心的客户看到这些冷冷的文字就会显得更加焦躁。因此，我们在设置自动回复的时候要尽量地显示我们的热情和真诚，让客户觉得我们真的是在认真对待他们。

二、其他客户服务沟通工具的使用

1. QQ 聊天工具

QQ 聊天工具是我们在日常生活中就用的比较多的沟通工具，它用起来非常方便自由，深受大众欢迎。QQ 是腾讯公司出品的，因此也自然而然被使用为腾讯公司的拍拍网购物平台的客户服务工具。安装 QQ 软件之后,点击拍拍网中的任何一款商品描述界面或者店铺页面都可以找到 QQ 的标志,点击即可与对方进行沟通,沟通界面如下所示:

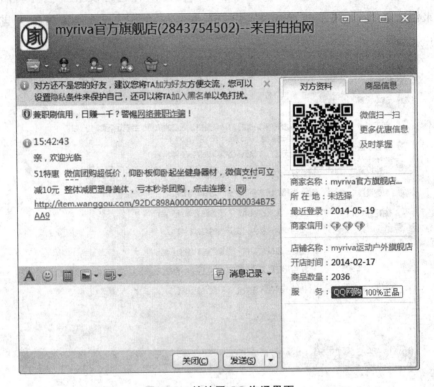

图 6-18　拍拍网 QQ 沟通界面

这种交易沟通界面必须通过拍拍网的链接才能出现,右侧会显示商家信息和相应的商品信息。相比阿里旺旺来说,QQ 的客户服务功能要相对少一些,这主要是因为拍拍网相对于淘宝网来说属于后起之秀,且阿里旺旺开发的初衷即是进行客户服务沟通,而 QQ 作为日常聊天工具的作用已经深入人心,很难再通过后期的开发拓展太多的客户服务功能。但是,这并不会妨碍卖家与买家之间正常的交易沟通和交流。

2. 微信聊天工具

现在随着社会化媒体的逐渐普及,电子商务与社会化媒体之间的融合日渐深化。微信作为目前流行火爆的社交媒体,已经获得了各商家的青睐。现在越来越多的买家可以通过微信了解卖家店铺的动态,通过微信聊天与店主进行沟通并完成购物和付款的全部流程。未来,社会化媒体将会以更多的形式与电子商务进行结合。

应该说每种客户服务工具都是有自己的特色的,我们不能绝对地说哪种更好,因为他们都是在不同的情况下使用的,在不同的平台下为客户提供服务。

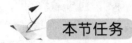
本节任务

任务背景

你在淘宝上开了一家服装店,专门销售男士休闲装。一切准备就绪,但在你还没有安装阿里旺旺的情况下,无法与客户进行沟通。有一个顾客想要咨询服装的号码大小问题,你安装完成之后需要利用阿里旺旺与他进行交谈,最终解决客户的问题。

任务要求

请每两人一组,一人扮演卖家,一人扮演买家。买家和卖家都要安装相应的阿里旺旺软件。要求到官方网站上下载安装阿里旺旺,然后做如下的工作。

首先,你们给自己的阿里旺旺设置个性签名,要求卖家的个性签名必须能够体现店铺和产品的相关内容;

其次,设置自己的自动回复内容,要求回复语言热情亲切;

再次,买家咨询产品型号相关问题时,卖家在交谈中要使用一些阿里旺旺的辅助功能,例如表情符号、截图、链接等;

最后,卖家成功完成销售。

完成之后,教师选出优秀的案例向全班进行展示。

课后思考与练习

1. 你还知道哪些网络客户服务的工具吗?请向全班介绍这个工具。

2. 你了解微信吗?你知道微信在现在的网络营销中的具体功能吗?你知道如何使用微信进行销售和沟通吗?请向全班进行介绍。

任务 2　处理客户咨询及投诉

☼ 任务目标

1. 了解客户投诉的主要原因；
2. 了解客户投诉的处理原则；
3. 能够独立处理客户的各种咨询；
4. 能够熟练解决客户的各种投诉。

☼ 知识储备

经营一家网店，每天最大的工作应该就是与各种各样的客户进行沟通了。而沟通的主要内容大致就是处理客户的各种咨询或者投诉。客户在购买前会对商品存在很多的疑惑，例如码子是否正常、价格能否优惠、颜色是否掉色、质量是否可靠、发货是否及时等等。在购买过程中或者购买之后也会产生一些问题，例如怎么还没有发货、怎么还没有收到商品、收到的商品颜色为什么不对、为什么少发一件商品、为什么没有送赠品等等，站在顾客的角度，我们能够理解这些问题都是合理的，所以也应该合理地帮助顾客解决问题。

一、处理客户的咨询

1. 处理客户咨询的态度

在处理客户的咨询中，我们要抱着以下的态度来与客户进行沟通。

（1）耐心

有客户主动进行咨询其实暗示着生意的到来。我们应该抱着耐心的态度与其沟通。耐心意味着要不厌其烦去解决顾客的疑惑或者问题，帮助顾客挑选自己最合适的商品。例如，顾客咨询哪种款式适合自己，然而你推荐的款式他并不喜欢,于是你推荐第二个款式,他还是不喜欢,并且抱怨你们的产品款式都不好,这个时候你会怎么办呢?是回复他"如不喜欢,请走人!"还是耐心地继续引导他去挑选商品呢?这些情况并不是偶然的,很多时候顾客都会挑三拣四,有时还会恶语相向,但是作为店主需要明白两个道理,一是大多数的顾客是真的希望来你的店里买到合适的商品的,否则他们不会在你的店里浪费这么多的时间;二是网购并不像实体销售那样保险,顾客无法真实地看到、摸到和体验到你的商品,对你的产品并不了解,所以总是希望在购买之前多了解商品,尽量买到最好的商品。只要认识到这两点,相信你就会耐心地引导顾客去挑选出适合自己的产品了。

(2) 负责

负责是一种难得的销售态度。面对形形色色的顾客的咨询,你要认真考虑每个顾客的需求,不让他们觉得自己被欺骗了或者觉得店家是一个不负责任的人。网购中不负责任的店家也许可以获得一时的利益,但这其实只是一种自以为是的小聪明,最终受到损失的还是自己。这种情况是很普遍的。我们可以在浩瀚的商品评论中找到证据。很多商品的评论中都会出现买家指责店家不负责任,或者商品与实际不符,或者觉得尺码不标准,或者质量根本不达标等,这些差评都是因为卖家不负责任的态度导致的。客户在咨询商品的特征的时候,商家不应该仅仅是夸大自己的产品的优点,其缺点也不应该进行刻意地隐瞒;如果买家有特殊的要求,卖家也应该尽量进行满足,因为负责任的态度其实也是一种诱惑,顾客感受到你对他的重视,会因此而感动,也许你也会因此而获得意想不到的收获。

案例分享

负责任的态度带来的收获

小宋自己开了家网店,专门销售女性精美饰品,他的店里形形色色的商品琳琅满目,美不胜收,吸引了很多的顾客。

这天有一个顾客开始咨询产品的事情,顾客先是看中一款很精美的银手链,镶嵌着一颗颗小小的珍珠,看着非常吸引人。她把链接发给小宋,询问这个手链的情况。以下是他们的对话:

顾客:请问这个手链是纯银的吗?

小宋：亲，不是的哦，这个价格一般都不是纯银的呢。但是我们是保证质量的，一个月内坏了您找我们，我们包修的。

顾客：哦，但是我的皮肤是过敏肤质，要是材质不是纯银的很可能会过敏呢。

小宋：这样啊，那真是遗憾。不过没关系的，我们这里还有一款跟这个比较类似的纯银手链，就是价格要高一些的。

顾客：是吗，太好了，您把链接给我吧。我看看。

（小宋发了商品链接）

小宋：亲，您觉得合适吗？

顾客：是挺好看的，就是价格有一些贵哦。

小宋：这个价格已经是市场最优惠了呢，何况我们还保修呢。您要是买两个是可以包邮的。

顾客：真的啊，刚好我也想送一个给我的好朋友。那我就买两个好了。

小宋：好的。对了，忘了告诉您，您和您的朋友手腕是比较胖的还是正常？

顾客：什么意思啊？

小宋：是这样的，我必须要在您购买之前告诉您，我们这款手链是不能调整长度的，如果您的手围太胖的话不一定能戴上去呢。您能告诉我您和您朋友的手围吗？

顾客：这样啊，我是比较胖，刚量了下手围有15厘米呢，但是我的朋友是正常的。

小宋：15厘米的话是可以戴进去的，不会太紧的。您可以放心了。

顾客：真的啊，那太好了，您真是太负责任了。谢谢您！我一定会向我身边的好朋友推荐您的店的，现在像您这样负责任的店主真是少见了。

小宋：那真是谢谢啦！希望您购物愉快哦！

没过半个月，这个顾客又来了，这次她要买30个手链。原来，她们组织的美女舞蹈班过段时间要参加表演了，她们觉得小宋的手链不仅漂亮质量好，而且店主非常可靠，值得信任，于是打算全部都在他的网店购买手链。小宋坚持对顾客负责任的态度最终获得了丰厚的回报。

(3) 热情

热情地接待每一位顾客是最基本的生意之道。虽然网购中买卖双方无法见面,但是买家还是能够轻易感受到卖家的热情程度的。从最开始的欢迎词到最后的结束语,每一句话都能体现出卖家的热情程度。有些卖家总会为自己的怠慢找各种借口,例如咨询的人数太多了,又如顾客都太无理取闹了,这些都不是理由,如果一个店主热爱自己的店铺和事业,那么他会由衷地热情接待每一位顾客,无论这个顾客是什么样的。热情,一方面体现在我们的话语中,我们可以亲切地称呼对方"亲"或者"亲爱的",可以时常地发出可爱的表情符号,可以主动询问顾客的情况;另一方面是体现在我们的回复方式中,我们要及时回复顾客的咨询,及时解决顾客的疑问,及时给予顾客必要的承诺等。

课堂讨论

站在客户的角度,你觉得客户咨询过程中最在意店家的什么态度?

2. 处理客户咨询的技巧

在处理客户的咨询中,我们有很多的小技巧可以使用。

(1) 真诚地赞美对方

任何人都希望自己的眼光得到认可,如果顾客挑选了一款合适的商品,那么作为店主是否可以适当地称赞一下顾客的眼光呢?例如"您真是太有眼光啦,这款太阳镜今年特别流行,也特别适合您这种肤色白皙的白领阶层,戴上之后整个人就会显得特别有档次。"这样赞美顾客,顾客能不欢喜吗?

(2) 不断提问引导顾客的需求

有顾客来咨询某种商品的信息,如果现在这款商品已经断货了,那么是不是就意味着这次的生意就泡汤了。绝对不是的。作为店主要善于发现顾客的需求,找到与其需求匹配的商品并进行主动推荐才是一个合格的好卖家。例如"不好意思,您挑选的这款丝巾前些天已经断货了,但是我们这还有很多漂亮的丝巾,我给您推荐一些好吗?请问您是挑选了送人呢还是自己戴呢?""您喜欢什么颜色什么材质的呢?""请问您对价格有要求吗?"这个时候顾客往往不会拒绝你的好意,生意很可能会比预想的还要好。

(3) 正确应付顾客讨价还价

买卖中难免会存在讨价还价的时候。如果遇到跟你死磕到底要求讨价还价的顾客该怎么办呢？不能放着一桩生意不要得罪顾客吧？要知道每一个顾客很可能会给我们带来十几个潜在的顾客呢。如果实在不好再降价了，最好的方法有以下几种：

第一种，建议顾客多买一些，然后再适当降低价格。

例如"亲，我们的商品价格真的是很低了呢，如果您只买这些我们是没办法赚到辛苦费的，但是如果您可以一次多买一些，我们可以考虑适当给您便宜些，您看呢？"

第二种，如果顾客不能多买就考虑赠送顾客小礼物，一般顾客也不会太介意那一点零头的，死缠着要还价其实只是为了寻找一种心理平衡，小礼物是一个不错的选择。

例如"亲，我们也很希望让您购物愉快，可是价格上真的是无法再低了，否则我们就真的白忙一场了，不过我可以帮您申请一个小礼物，很可爱的哦，绝对不会让您失望的，比给您降价还划算的呢，您看呢？"

第三种，答应顾客价格可以便宜，但是需要顾客在推荐新的顾客之后或者几十字好评之后再返利给他。这种方式也是当下很多商家使用的策略之一，它可以为商家赚取更多的好评。

例如"亲，我们店可以申请帮您优惠，但是您是否介意先付款再退款呢？您只需要在收到商品之后，满意的话给我们五分好评并且写 50 字以上的评价，我们保证会给您退款 10% 哦，您看划算吧？"

(4) 提前做好 FAQ，提高咨询效率

每天面对那么多顾客各种各样的提问和咨询，再有耐心的卖家都会觉得厌烦，最重要的是顾此失彼，影响咨询的效率。最好的方法是将各种顾客可能的疑问都提前准备好并写好答复，顾客有相关的疑问的时候就可以直接套用答案回复客户，这样可以大大地提高打字和回复的效率，最大限度地获得客户的满意。

例如，型号问题、价格问题、尺码问题、颜色问题、发货问题、售后问题、包装问题等。

二、客户投诉的处理

1. 了解客户投诉的原因

店主在面对客户投诉时,需要第一时间找到客户投诉的原因,这样才做到有的放矢,为客户提供有针对性的有效的解决办法。但在与客户沟通的过程中,经常由于双方沟通不畅,受客户表达能力或店主理解能力的影响,导致无法了解客户真正的投诉原因,不仅解决不了客户的投诉,更有可能导致投诉进一步升级。所以对于店主来讲,迅速地了解客户投诉的原因,是处理投诉过程中的关键步骤。

客户购买商品是为了满足某种需要,客户购买的不仅仅是商品本身,还有客户的期望值。客户期望得到超值的服务体验。尤其是名牌产品,客户对其服务的期望值更高。当客户发现自己所感受到的低于期望值,就会抱怨、不满、直至产生投诉。

(1) 因质量原因导致投诉

这是最普遍的投诉原因。很多商家在顾客咨询的时候承诺自己的商品如何如何好,实际上完全是夸大其词,或者在商品描述中使用不符实际的商品图片,顾客收到商品之后发现与预期的样子差别太大,不免生气。例如,商家承诺自己的裤子不掉色,结果顾客穿了之后把其他衣服都染了颜色,再好脾气的顾客也会生气的,并最终导致报怨及退货。

> **案例分享**
>
> 张女士的悲惨经历
>
> 张女士去年4月份花费了1800元在某网店买了一部手机。9月份,手机就经常无信号,甚至会自动死机,张女士找到了该网店的售后服务人员,得知需返厂维修。
>
> 一个月后,张女士取回手机,还没有使用到一周,原来的问题又出现了,而且更严重,频繁自动死机。这一回,售后服务人员称要换主板,张女士心想:这回修理好,就该没有问题了。
>
> 一个月后,张女士得知售后服务人员不小心把手机的屏幕弄破了,又要返厂修理。一个月过后已是当年的12月份,张女士拿到手机还没有用到一周,就

又出现死机问题。张女士实在没耐性了,要求换机,但对方坚持继续维修,并答应提供给她备用手机。

张女士无奈之下不得不往该网店所在的电子商务平台进行投诉,最后该网店同意给张女士调换一部新手机。

因这种原因而导致的客户投诉,占了投诉原因的大多数。尽管客户能够理解商品不可能完美无缺或满足每个人的需求,但是他们还是会因为这个原因表示不满。对于因质量问题给客户造成影响的,应该真诚地向客户道歉,更换新商品,或者给予一定的经济补偿。

(2) 因服务原因产生投诉

客户买了并不是自己需要的商品或者不清楚怎么样使用的商品,就可能会投诉。这就要求店主在向客户介绍的时候,一定要清楚客户的真正需求,不要被表面现象所迷惑。同时,卖家应该在第一时间确认客户已经理解商品的使用方法。现在,市场上的商品种类越来越多,这就要求店主在平时为客户提供服务时,注意积累这方面的知识,做到有备而"战"。在店主的服务过程中,如果处理不当也会产生投诉。此种类型也是"服务原因产生的投诉"。

案例分享

怠慢的后果

店主:"您好,请问有什么可以帮您?"

客户:"我有一个问题想请教一下。"

店主:"好的,您请讲。"

客户:"我去年买了您的墙纸,我们在做墙壁改造时,一定要加×××吗?"

店主:"如果有的话就要加上。"(随意地)

客户:"我有一位朋友也是用您的产品,他并没有加的。你说要不要加?"

店主:"加不加都可以,你要问我呀,那就加上吧。"

客户:"这对我是很重要的问题,很严肃的,怎么能这样随便,太过分了!"

客户十分不满意,并投诉了这名店主,以后也不会再来购买了。

(3) 客户自身原因而产生的投诉

还有一些客户投诉的原因,主要是客户自身的原因。

在现实生活中,总会遇到这样的客户:过度利用客户自身的权利,总以为自己是"上帝",有的客户属于"狂躁型",稍微地不满意,或者没有搞清楚是产品本身的问题,还是自身的问题,拿起电话就投诉。

案例分享

客户自己的失误

客户投诉电热咖啡壶不保温;煮出来的咖啡不香。

处理:建议客户正常操作,把水放到水箱里,如要保温需要持续通电。

客户反映:客户意识到自己没有通电保温后,向店主提出了有关水流程序的问题和保温前后的温度100℃～80℃。显然,客户此时处于一种自我保护状态(即平常说的很难让他承认是自己的失误),之后,客户表示自己已经理解店主所讲的意思了。

但是,客户又提出了另外一个问题,即"我的咖啡壶煮出来的咖啡不香"。

显然,这个问题属于客户的高期望提问。店主仔细询问后得知:客户用的是印尼咖啡豆磨的咖啡,看来对咖啡比较喜欢。店主建议客户把咖啡磨得细一些,这样可以调节咖啡的味道。

此时,客户就询问店主是否用速溶的会更好。为了迎合用户对咖啡喜欢的心态,店主表示速溶咖啡虽好,但是自己磨出来的咖啡喝起来可能更有成就感,有时间可以到网上查找一些相关资料以便更好地获得一些技巧。

这时候客户表示非常满意,同时也对店主表示非常感谢。

上面所提及的事例是由于客户对自身产品性质和一些使用常识产生的误解,从而导致的客户投诉。像这种情况,要教会客户正确使用产品是店主的基本工作职责,耐心细致地询问并引导客户是最好的解决办法。

课 堂 讨 论

你在购物过程中有没有过不愉快的经历,导致你很想投诉卖家的?

2. 处理客户投诉的技巧和步骤

处理客户投诉时可以按照下面的流程和步骤来进行。

(1) 从倾听开始、平息客户怨气

客户在投诉时,多带有强烈的感情色彩,并且具有发泄性质,因此要平息怨气。在客户盛怒的情况下当客户的出气筒,需要安抚客户,采取低姿态,承认错误,平息怒气,让客户在理智的情况下,分析解决问题。

客户不满的时候,他只想做两件事:表达他此时的心情和迅速将问题解决。店主需要做的就是鼓励客户发泄。客户只有在发泄完,才会听店主说话。在客户发泄的过程中,店主需要细心聆听,发现对解决问题有效的信息。也许此时客户更多表达的是自己的感受和观点,但同样对解决问题有一定的参考价值。另外,店主还需要控制自己的脾气。客户此时发泄,并不是针对谁,只是想一吐心中的不快,所以,店主千万不要一时控制不住自己,心里产生同客户的对抗情绪。客户同样是对事不对人的。最后,还要注意语言的使用。

恰当的表达方式包括:

"我理解您的感受!"

"我明白您的意思!"

"是的,谁遇到这种情况都不会开心。"

避免使用的表达方式包括:

"你可能不明白……"

"你肯定弄混了……"

"你应该……"

"我们不会……我们从没……我们不可能……"

"你弄错了……"

"这不可能的……"

"你别激动……"

"你不要叫……"

"你平静一点儿……"

(2) 认同客户感受、道歉及感谢客户

客户在投诉时会表现出烦恼、失望、泄气、发怒等各种情感。客户的不稳定情绪是完全有理由的,是理应得到极大的重视和最迅速、合理的解决的。所以要让客户知道你非常理解他的心情,关心他的问题。

有些人认为向客户道歉,会使自己蒙羞,令自己承担责任。事实上,这种想法是不合逻辑的。店主的道歉表明了自己对客户的诚意,使客户感到自身的价值和重要性,这只会让客户更加认同该店铺。接待的人可能不是导致客户投诉的人,但即便如此,也应该道歉,因为这个客户由你接待,而你代表着店铺的整体形象。不要在客户面前责备其他同事,或为自己找借口,客户需要的是解决问题,错误在谁并不会让他有多大兴趣,并且这是在客户面前损害店铺形象。找借口或者责备其他同事可能会令客户产生被推诿的感觉。道歉不是认错,道歉是让客户知道,店家对他的遭遇表示遗憾,很在意他的烦恼,并且会想办法尽快改正。

与此同时,要向客户致谢。感谢客户提出了有利于自己在管理或服务方面需要改善的问题。可用这样的话表示感谢:"很抱歉我们让您感到失望了。""抱歉,给您带来了不便。""您的话提醒了我们……谢谢您对我们的支持!"

(3) 提问

了解问题所在,听过了客户的抱怨,表示了歉意和感谢,但这只不过是给了客户一个空的礼品盒,真正的问题还没有得到解决。这时,就需要通过提问进一步明确客户投诉的原因,解决客户的问题。尽管客户在发泄阶段说了很多话,但可能会忽略一些重要的信息,他们以为那不重要,或者忘了说出来,而这也许正是问题解决的关键。因此,通过提问可以收集到更完整的信息,了解客户真实的需要,正确并且迅速地解决问题。

(4) 承担责任、表示愿意提供帮助

在明确了客户的问题之后,很显然,下一步要做的就是拿出一个双方均可接受的解决问题的方案。注意,解决方案中绝对不能包含不在自己权限或者店铺不允许的内容,否则当最后承诺无法兑现时客户将会更加愤怒,客户很可能再也不回来了。

当店家服务态度或服务技巧欠佳时也会引起客户的投诉,此时客户需要的也许仅仅是道歉。当错误确实无法通过退换货进行改正或通过道歉弥补时,就要给予客户一定的补偿性关照。包括:送赠品,如礼物、商品或服务;店铺承担额外的成本,如送货费用;个人交往,表示歉意和关心;打折。补偿性关照是在感情上给予客户一定的安抚和补偿,但是它不能替代服务。所以接下来,我们要表示愿意提供帮助的意愿。问题澄清了,客户的对立情绪减低了,我们接下来要做的就是为客户提供解决方案。

(5) 解决问题、让客户参与意见

针对客户投诉,店主应有各种预案或称解决方案。我们在提供解决方案时要注意以下几点。

① 为客户提供选择

通常每一个问题的解决方案都不是唯一的,尽量多地给客户提供选择会让客户感到受尊重,同时,客户选择的解决方案在实施的时候也会得到来自客户方的更多认可和配合。

② 诚实地向客户承诺

能够及时地解决客户的问题当然最好,但有些问题可能比较复杂或特殊,我们不确信该如何为客户解决。如果你不确信,千万牢记不要向客户作任何承诺。而是诚实地告诉客户情况有点特别,你会尽力帮客户寻找解决的方法但确实需要一点时间。然后约定给客户回话的时间,你一定要确保准时给客户回话。即使到时你仍不能帮客户解决,也要在承诺客户的时间范围之内打电话向你的客户解释问题进展,表明自己所做的努力,并再次约定给客户答复的时间。同向客户承诺你做不到的事相比,你的诚实会更容易得到客户的尊重。

尽管从店主专业的角度提供了相应的解决方案,但是可能客户还是不满意、不接受,这时最好征询客户的意见。"您希望我们怎么做?"这样客户感到了尊重,心里会很满意。但是,客户的要求可能会出乎店主的意料或是无法满足,或者问题是由客户造成的,又该怎么办呢?当不满的客户提出要求时,应该尽量满足他们的要求,人们对于自己得不到的东西,可能会很失望,有挫折感或者不安,甚至不满。而店主不计对错地满足客户的需求,就会发现客户的不满减少,满意增加。

要知道,开发一位新客户的成本是维护一位老客户成本的5～8倍!也许有的店主会认为这种方式会助长客户的占便宜心理。其实没必要有这个顾虑,客户大都是理智的,不会为了占便宜而要求退钱或是换货。况且,从满意客户口中传播出去的免费广告会给店家带来利润,会远远胜于一小部分别有用心的客户造成的微小的损失。

(6)适当地给客户一些补偿、跟踪服务

为了弥补自己操作中的一些失误,可以在解决客户问题之外给一些额外补偿。但要注意的是:首先,一定要先将问题解决,其次,改进工作要避免今后发生类似的问题。在某些品牌公司的售后服务中,在客户买了他们的产品之后,他们会在之后的几天里给客户打一个电话,询问客户对产品的使用情况,客户对此举非常喜欢。即使在没有出现问题的情况下都需要跟踪客户的感受,那么在客户投诉之后,就更需要跟踪客户的感受了。跟踪服务的形式有打电话、发电子邮件或发信函。通过跟踪服务,向客户了解解决方案是否得到执行,是否有用,是否还有其他问题,是否满意。

如果店主与客户联系后发现他(她)对解决方案不满意,就需要继续寻求一个更可行的解决方案。在对客户的跟踪服务中,无论是打电话、还是发邮件和信件,都应遵循一定的要求。

3. 处理投诉时需要注意的问题

在处理客户投诉的过程中一定要牢记以下几个方面不要在工作中发生。

(1)推卸责任

勇于承担责任是店主的一种美德,在处理投诉的过程中最忌出现店主推卸责任,把客户像皮球一样踢来踢去,问张三说找李四,问李四推王五,王五又说应该找张三,都说不知道,把皮球踢了一圈又一圈。到最后问题还是要解决,致使这个客户永远地离开了这家店。所以,无论投诉的是哪一个部门,由哪一个人造成的,只要是你接待的就要把责任勇敢地承担起来。

(2)敷衍了事

店主在面对客户投诉的时候往往表面上做足了功夫,做足了平复客户心态的工作,但是却不为客户真正解决事情,客户投诉之后,一切消息就如石沉大海。这种情况也是不允许发生的。

(3) 拖延时间久而不决

这样的经营者想着客户哪能耗得起时间,从上到下的答复如出一辙——不是经理不在,就是明天再来。这种做法是必须坚持避免的。因此,在一开始处理投诉的时候,就要向客户承诺解决时间,并且在承诺时间内将问题解决。

本节任务

任务背景

你开了一家箱包网店,主营真皮女士手提包和钱包,之前有一个顾客下单买了一个红色的手提包,结果你们在发货时给搞错发成黄色的了。顾客非常生气要求赔偿一半的款项,但是你们表示希望承担运费把包包换一下,拒不赔款。顾客表示自己马上就要出差参加一次会议了,而且这次会议很重要,本来买的这款红色的包包与自己的服装是最搭的,结果发来了黄色的,退换货肯定是来不及了,自己只能将就着使用了,所以一定要求退款。你感觉非常无奈。

任务要求

请每两人一组,一人扮演卖家,一人扮演买家。买家和卖家都要安装相应的阿里旺旺软件。要求到官方网站上下载安装阿里旺旺。然后根据任务背景进行情景模拟。要求如下:

首先,卖家在处理顾客的投诉中要体现出正确的服务态度;

其次,卖家要按照处理客户投诉的流程与客户进行沟通;

最后,卖家要找到合理的解决问题的方案。

完成之后,教师选出一些案例来进行点评,指出模拟中存在的问题及优缺点。

课后思考与练习

1. 判断题

(1) 客户总是不厌其烦地讨价还价,应该尽早放弃这个顾客,将精力转移到有

希望的顾客身上。   (   )

(2) 一般客户投诉原因最多的是产品不符合他的期望。   (   )

(3) 处理客户投诉时要无条件听客户的。   (   )

(4) 大多数时候顾客并不会无理取闹,我们应该抱着积极的态度来与顾客进行沟通。   (   )

(5) 顾客来投诉并不完全是坏事,有时候还能够帮助我们发现自己的问题,改善产品和服务的质量。   (   )

2. 简答题

(1) 当遇到无理取闹的顾客的时候你会怎么办呢?跟大家说一说。

(2) 想一想顾客投诉一般都是因为哪些原因呢?

(3) 想一想如何处理顾客的投诉?跟大家陈述你处理投诉的方法和流程。

任务 3　积极处理客户评价

☼ **任务目标**

1. 了解一般的客户评价的方法和规则；
2. 了解区别处理好、中、差的评价的方法；
3. 能够合理处理各种不同的顾客评价，尤其是顾客差评。

☼ **知识储备**

回想一下你之前的购物体验，你每次网上购物除了查看商品的信息外，促使你下决心购买某件商品的原因还有哪些呢？我想你应该跟我一样，还非常地关注该商品的客户评价记录以及该店铺的信用情况。如果某件商品看起来非常好，但是客户评价非常糟糕，你还会购买吗？很显然这件商品的商品描述是不符合实际的。店铺也一样，会影响我们的购买判断。如果一个很普通的店铺和一个黄钻的店铺销售同一种商品，你会选择哪家店铺呢？很显然，你大多会选择黄钻卖家。因为黄钻之所以成为黄钻，是因为店铺可靠的信誉。因此，影响买家作购物决断的除了商品本身的信息外，还有商品的客户评价以及店铺的信用级别这两个因素。

一、了解评价规则

各种 C2C 的网络购物平台都会设置客户评价环节，并对评价规则作出一些限定。我们以淘宝网为例来了解网络交易平台的评价规则。

淘宝网评价规则是由【信用评价规则】和【店铺评分规则】两部分组成。

【信用评价规则】

（一）信用评价的定义

淘宝网会员在使用支付宝服务成功完成每一笔交易后，双方均有权对对方交易的情况作一个评价,这个评价亦称之为信用评价。

评价积分:评价分为"好评"、"中评"、"差评"三类,每种评价对应一个积分。

评价计分:评价积分的计算方法,具体为:"好评"加一分;"中评"零分;"差评"扣一分。

信用度:对会员的评价积分进行累积,并在淘宝网页上进行评价积分显示。

评价期间:指交易成功后的15天。

(二)评价流程

1. 如何去进行评价:支付宝软件系统下一笔交易的显示状态应为"交易成功",在交易成功后的15天内,会员可以登录"我的淘宝"→"我是买家(我是卖家)"→"已买入的宝贝(已卖出的宝贝)"进行评价。若在评价期间内未进行评价操作,则无权进入评价操作入口(淘宝商城无评价入口,只有店铺评分入口,可详见此规则中的店铺评分规则)。

如果交易过程中发生退款,且交易买方选择"未收到货"或"要退货"的情况,则在退款完成后,此交易视为取消,不发生评价也无评价积分。

2. 买家在评价时可以选择匿名评价——选择隐藏自己的名字,选择了匿名评价后,此交易的出价记录与评价记录都将匿名显示,匿名作出的评价也会产生评价积分。

若买家在进行评价时,没有选择匿名评价,在交易评价完成后30天内,有一次机会可以将此评价更改为匿名评价,更改后此交易的出价记录与评价记录都将匿名显示,此评价将不重复计分。匿名评价不能改为非匿名评价。

3. 如一方好评而另一方未评,在交易成功15天以后系统将自动默认给予评价方好评。如一方在评价期间内作出"中评"或"差评";另一方在评价期间内未评的,则系统不给评价方默认评价。如双方在评价期间内均未作出评价,则双方均不发生评价且均无评价积分(以上仅限个人交易平台,买家给予淘宝商城的商家有效店铺评分后,系统会默认给予买家一个好评)。

4. 如交易双方作出的评价都是"好评"(包括按前款规定系统自动作出的"好评"),则评价内容将即时全网显示并积分。如一方给予另一方的评价是"中评"或"差评",交易双方互评的,则评价内容将在交易双方全部完成评价48小时后全网显示并计分；如仅一方作出"中评"或"差评"；另一方未评,则评价内容将在评价期间届满的 48 小时后全网显示并计分。

5. 评价计分规则：

（1）每个自然月中,相同买家和卖家之间的评价计分不得超过 6 分（以支付宝系统显示的交易创建的时间计算）。超出计分规则范围的评价将不计分。

（2）若 14 天内（以支付宝系统显示的交易创建的时间计算）相同买卖家之间就同一商品,有多笔支付宝交易,则多个好评只记 1 分；多个差评只记－1 分。

（三）评价的修改和删除

1. "中评"或者"差评"在评价后 30 天内,评价方有一次自主修改或删除评价的机会,可以选择修改,仅限修改成"好评",也可以进行删除。评价经修改以后不能被删除或再次修改,更改后的评价按本规则规定计分。

2. 如评价方确认需要修改或删除评价的,请登录"我的淘宝"——"信用管理"——"评价管理"——"给他人的评价",找到相应评价,点击"我要修改"按钮进行修改或删除此评价。评价只能修改或删除一次。

评价修改后,被评价方所作的解释将被清空。

（四）评价积分的显示

在交易中作为卖家的角色,其信用度分为 20 个级别。在交易中作为买家的角色,其信用度也分为 20 个级别。

【店铺评分规则】

（一）店铺评分的定义

店铺评分是会员在淘宝网交易成功后,仅限使用买家身份的淘宝网会员（下称"买家"）对本次交易的使用卖家身份的淘宝网会员（下称"卖家"）进行如下四项评分：宝贝与描述相符、卖家服务态度、卖家发货速度、物流公司服务。只有使用支付宝并且交易成功的交易才能进行店铺评分,非支付宝的交易不能评分。

店铺评分的有效评分期：指在交易成功后的 15 天内。

（二）店铺评分流程

1. 店铺评分如何进行：支付宝软件系统下一笔交易订单的显示状态应为"交易成功"，在"交易成功"后的 15 天内，买家可以登录"我的淘宝"→"我是买家"→"已买入的宝贝"进行评分。若在评分期间内未进行评分操作，则无评分操作入口，不评分则无分值，无默认分。

如果该笔交易订单在交易过程中发生全部退款，且交易买方选择"未收到货"或"要退货"，则在退款完成后，此交易被视为取消，不发生评分则无分值。

2. 买家在淘宝网个人交易平台交易成功后，买家可以对本次交易成功的卖家进行如下四项评分：宝贝与描述相符、卖家服务态度、卖家发货速度、物流公司服务；买家计分规则请参照【信用评价规则】→"评价流程"。

买家在淘宝商城交易成功后，可对本次交易成功的卖家服务态度、卖家发货速度、物流公司服务三项指标分别作出评分，以及可对本次成功交易的每种商品作出宝贝与描述相符的评分；如果交易过程中发生部分商品退款，且交易买方选择"未收到货"或"要退货"，则在退款完成后，此商品不参与宝贝与描述相符的评分，不发生评分则无分值；有效评分期内买家每完成一种商品的宝贝与描述相符的评分，则系统自动给买家默认一个好评（根据【信用评价规则】→"评价计分规则"计算买家积分），反之则系统不给买家默认评价。

虚拟物品及不需要使用物流的交易，无物流公司服务评分项。

四项指标打分分值：

1 分——非常不满意；

2 分——不满意；

3 分——一般；

4 分——满意；

5 分——非常满意。

3. 店铺评分为匿名评分，不显示评分人的个人信息及单笔评分分数。

4. 店铺评分成功后，立即生效，一旦生效即无法修改；若买家对卖家进行店铺评分时，只对其中几项指标作出评分后，就确认提交了，则视完成店铺评分，无法再次修改和评分。

5. 店铺评分以滚动的方式展示，且只展示近6个月的评分分数。

（三）店铺评分计分规则

1. 每个自然月中，相同买家和卖家之间若产生多笔成功交易订单且完成店铺评分的，则卖家的店铺评分有效计分次数不超过3次（以支付宝系统显示的交易创建的时间计算）。超出计分规则范围的评分将不计分。

2. 店铺评分生效后，宝贝与描述相符、卖家服务态度、卖家发货速度三项指标将分别平均计入卖家的店铺评分中，物流公司服务评分不计入卖家的店铺评分中，但会计入物流平台中。

二、正确处理客户的评价

对于一个店铺来说，客户的评价是至关重要的。一个差评很可能会影响几十几百单后续交易的达成。有些卖家自己的商品不好，导致很多客户给了差评，这个时候卖家不仅不反思自己的产品质量和服务态度，反而一味地埋怨买家的不是，甚至故意说买家陷害，有的甚至威逼利诱客户更改评价。这种行为不仅会深深伤害已经受过一次伤害的买家，还会给其他潜在买家店主不负责任、店员没有素质等很不好的印象。因此，正确处理各种评价是卖家的一个必修课。

1. 对于顾客的好评要表示感谢

不要把顾客的好评当作是理所当然的。当顾客对你的产品和店铺表示满意的时候，你应该抱着感恩的心来对待。最好的方式是及时回复客户的评价，在对客户的评价中对其表示感谢。例如，"感谢您对我们的认可，您的满意是我们最大的追求！我们一定会继续努力，为您带来更好的商品和服务。祝您生活愉快！"

2. 对于顾客的中差评要及时分析原因，找到解决方案

对于卖家来说，得到好评加一分，得到差评扣一分，得到中评不得分。如果中评和差评过多的话，无疑会影响到网店经营的效益，使其他买家不敢购买。如果遇到客户的中差评，店主不应该一味地怨愤，这样只会使客户更加不满，最终影响

的还是自己。正确的做法是：

（1）认真分析原因

客户不会无缘无故给出差评，一般他们在评价中会说明原因。或者是因为产品质量不好，或者是因为快递太慢，抑或是商品出现了破损，更有甚者是因为自己单纯地不喜欢。弄清楚这些原因是解决问题的关键。

（2）主动联系买家并道歉

无论是哪一方面的过错，卖家都应该及时与买家沟通，了解买家的心理，并主动承认错误。大多数时候，即便再刁难无理的客户，只要你的态度好，他也不会因为这一个中差评而与你死磕到底。如果你在能够承受的范围内与其达成协议的话（例如退换货、下次购物打折、赠送优惠券等），那么客户也许更好说话一些。

课 堂 讨 论

你有没有在之前的购物经历中给店家差评的经历？说一说是什么原因，最后是怎么解决的？

（3）找到解决方案

如果原因真的是自己方面的过错导致了客户不好的购物体验，那么聪明的店家会及时与客户取得联系进行道歉并给予补偿。如果仅仅是因为客户自己主观的因素给了中差评，在与客户沟通之后无果的话，那就应该在评价回复中进行说明，使其他顾客了解到真实的原因，不会被这种刻意的中差评蒙蔽。总之，你一定能够找到一种尽量使双方达到满意和认可的解决方法。

案例分享

怎样避免买家的中差评

小路曾经在一家卖食品的网店工作，他的老板特别期待别人给中差评，一给中差评，就乐得跟中奖一样。小路和同事们都认为，老板疯啦，真是变态。然而，老板把每次的中差评信息，以及售后处理的方法，详尽地列了出来，贴在小黑板上，让大家天天读。老板说，这是顾客对我们不满意的地方，你们要好好改进，你们只有一个任务：让顾客更满意。就这样，中差评不断地减少，最后几乎都没有中评,买家都特别喜欢他们的网店,老板也因此做强做大,在两个月后就上了一个皇冠(本来是一个皇冠,两个月后就上了两皇冠)。他是小路见过最有远见的老板,也是小路最敬佩的一个人,他把中差评,看成了好评。中差评显示了自己的不足,经过改进,比好评带来的意义更大。很多时候,我们被中差评冲昏了头脑,失去了理智,用恼怒的心情去对待,那恶果自然是越演越烈。

评价代表了:服务、责任与态度。给你好评的人,不一定表示他真的很满意,也许他是在宽容你的缺点。但是不是每个人都有这么好的心肠,所以,当另一人遇到同一个问题,他就用中差评来告诉你,你应该修改这里。

中差评并不可怕,我们如何看待中差评,如何提防中差评的出现?

1. 保证产品质量和包装。产品质量并不是说保证顾客使用后的效果,这个相信任何一个卖家都是保证不了的,因为每个人身上存在的不同因素太多了,但作为一个好卖家就必须保证产品是全新的、完好无缺的,并且需要精心打包好,这样不仅能减少在运输途中的磨损,也能给顾客一个好的印象,最好是能送上一个小礼品,礼不大但心意浓,这样能给顾客一个意外的惊喜,在他(她)心中一定会是一个好评。

2. 商品描述。商品描述一定要客观,图片尽可能地要接近实物。大多数购买的客户都是因为看了商品的图片介绍,觉得满意。这个时候他们就会产生很高的心理预期,但是如果看到的实物与图片相差太大,谁都会觉得自己受到了欺骗。

3. 好的服务态度。态度能决定一切,我曾经碰到过这样的卖家,不管你问她什么都是几个字就解决了,爱理不理的,这是会影响顾客当时购物的热情和心情的,顾客对于你的产品就会变得犹豫,这可是一大忌,很容易流失顾客,所以要时刻保持充足的热情。相信再牛的店铺,没有好的服务是别想留住一个长久的客户的。

4. 发货。顾客买完东西第二件事情就是提醒卖家发货,发货速度也是影响顾客评价的重要因素,一般当天的货物就要当天发,有特殊情况就一定要跟顾客解释清楚,要把每个顾客当作自己的亲人、朋友,认认真真对待,争取以最快的速度让顾客拿到想要的货物。

5. 物流。如果是因为物流的原因导致顾客给出中、差评,那卖家就太冤了。所以一定要重视物流这一块,在选择低成本快递的同时也要选择速度相对较快的。在顾客付款前一定要核对好地址,确定好物流,这一步是不可省略的,做到了这一步可以减少很多不必要的损失。对于物流我们能做的就是这些,当顾客问起多久能到时,我们根据他的地址给出个大概的时间,但一定要在后面加上一句"主要是看快递的派送速度",这就提醒了顾客到货速度和卖家是没有直接关系的。

 本节任务

任务背景

今天你查看你的玩具网店的客户评价,发现下面几条评价:

(1) 我明明买了三个不同颜色和型号的玩具,怎么给我发来的三个是一样的呢?真好笑,我要三个一样的玩具做什么?果断差评。

(2) 之前咨询的时候不是说1岁的孩子可以玩的吗,但是我家宝宝根本玩不了啊,拿都拿不起来怎么玩啊,怎么不早说这个玩具这么重啊?估计还要等半年才能玩,害我现在还要重新买一个。差评!

(3) 哇,这个娃娃真的很适合我们家宝宝啊,她简直爱不释手呢!这几天一直抓着不放手,生怕我们抢走了!关键是感觉玩具很环保,没有气味,质量很不错哦!五分好评!

(4) 太过分了,等了10天才收到,还不如直接到店里买算了,你们家要是不换快递公司我是不会再来了!看在玩具还好的分上,中评!

任务要求:

遇到以上的四种评价你会怎么处理?写出你的处理方案。

提示:从你应该持有的处理态度、处理方法、注意事项,以及应该联系哪些相关环节的工作人员来解决问题的角度来考虑,同时打算如何得到买家的反馈结果。

完成之后,教师选出一些案例来进行点评,指出模拟中存在的问题及优缺点。

课后思考与练习

1. 判断题

（1）客户评价最好全部是好评，差评一点用处都没有。（　　）

（2）客户给了差评，店家应该及时打电话进行沟通，而不是埋怨客户不懂得欣赏。（　　）

（3）处理客户投诉时要无条件听客户的。（　　）

（4）对于那些无理取闹给差评的客户，沟通无果后可以以牙还牙，也给他们差评，并在给他们的评级回复中说明情况。（　　）

（5）不管是谁的原因，都应该先跟客户道歉并进行沟通。（　　）

2. 简答题

（1）举例说说淘宝网以外的其他C2C购物网站的评价规则。

（2）如果你遇到无理取闹地给差评的客户，你会怎么做？简单说明你的处理流程。

任务 4　网店客户关系管理和维护

☼ 任务目标

1. 了解客户关系管理的含义和主要方法；
2. 了解客户管理和维护的一般步骤；
3. 能够高效地对客户的信息进行管理；
4. 能够及时准确地售后跟踪服务；
5. 能够采用多种技巧来进行客户关怀。

☼ 知识储备

如果你开了网店，你会不会考虑这些问题：你的店铺回头客多吗？老客户介绍的又有多少呢？我想，90％以上的店铺都还没有关注过自己店铺的客户关系管理，有的只是厚厚的发货单、记账单。也许你要笑了，客户关系管理不都是那些企业做的事情吗？开一个小网店还做什么客户关系管理呢？这种认识是肤浅且错误的，任何店铺都有自己的客户，有客户自然就要管理和维护。今天我们就来学习如何进行客户关系管理和维护吧！

一、客户资料的整理和分析

用简单的话来说客户关系管理就是通过一些措施使店铺与客户之间的关系更融洽，从而获得更多的新老客户的青睐，提升我们的销售效率。例如，有顾客来咨询，你能够迅速了解到这个顾客是新顾客还是老顾客，是随和的顾客还是刁钻的顾客，是重要的顾客还是一般的顾客，等等。了解了这些顾客的信息，我们才能更好地对症下药，提高销售效率，获得更多盈利。那么如何进行客户关系管理呢？需要按照下面的几个步骤来进行操作。

1. 建立详细的客户档案

当我们的买家越来越多的时候,是不是觉得很难记住这么多买家的信息呢?是不是有时候某个买过我们东西的买家给我们发信息来了,却想不起他是谁呢?出现这种状况可是很危险的。买家可能会觉得你不重视他,也许下次再也不会到你的店里来买了。

于是我们就要建立完善的客户资料,不仅要记下买的是什么东西,还要写下什么时候买的,买了以后感觉如何,满意不满意,有哪些地方下次需要注意等等这些信息,都要记录下来,等下次这个买家再来的时候,我们就清楚地知道该怎样为这个"上帝"服务。一般来说,顾客不是很多的情况下只需要通过 excel 表格就能建立客户资料档案了。例如:

	A	B	C	D	E	F	G	H	I	J
1	交易日期	网名	真实姓名	联系电话	电子邮箱	主要收货地址	购买产品	成交金额	会员等级	评价结果
2	2013年11月2日	可爱多	王立军	152×××	××××	安徽宣城	MH001	88	L3	好评
3	2013年11月2日	西西	刘航	138×××	××××	浙江杭州	FK99	135	L1	中评
4										
5										
6										

图 6-19　客户资料档案示例

如果店铺比较大,顾客也比较多,可能就需要借助专业的客户关系管理的软件了。现在网上也能下载一些免费的客户关系管理软件,但是大多数比较实用的都是需要付费的。阿里巴巴就为淘宝的经营者们量身定做了一款 Alisoft 网店版管理软件,能够让 C2C 经营者很好地管理自己的网店经营状况的数据,包括来往客户各方面的数据。

历史交易数据很重要。有些用心的店家,自店铺成立之初,就开始利用 Excel 收集客户信息了,运营了五六年,买家数据一个都没有丢失,资源循环利用,后来上了客户管理系统,再把这些信息导进去,为自己进行后续的客户关系管理打好了基础。

项目六 网店客户服务与管理 219

图 6-20 阿里巴巴客户管理软件界面

课 堂 讨 论

你知道什么是历史交易数据吗？在自己的 ECSS 店铺里找找看吧，说一说你的交易情况怎么样。没有的话就到其他购物网站上看看其他店铺的历史交易数据吧。

2. 分析客户资料

在对客户资料进行登记之后，就需要及时来对这些信息进行分析。以便后续来区分出不同类型的客户。我们通过客户资料不难发现，有些客户会定期来购物，且购买的物品都是有规律可循的，有些客户很长时间来一次，买的东西和数量也很随机。有的客户虽然来的次数很少，但是购买的商品价格很高，有些虽然经常来，但是每次都买的很少且每次都要讨价还价。针对不同的客户，分析出他们的不同特点，找到不同的应对方案。例如下面的例子。

客户名称	客户信用	购买记录	购买时间	价格	购买频率	购买趋势
stars_625	111	衬裙	2010.06.17 16:26:53	129	1次/星期,每次购买量相对来说较多,价格较高的物品	时尚衣裙、情侣用品
		文胸	2010.06.03 11:40:18	138		
		棉袜	2010.06.03 11:40:18	15		
		男士手表	2010.05.29 20:38:52	258		
		女士手表	2010.05.29 20:38:52	288		
小叮当	255	连衣裙	2010.06.17 21:26:53	28.8	5次/星期购买量不多,但购买频率高	时尚衣裙、主要是女士用品,价格相对来说较低的物品
		T恤	2010.06.16 21:37:28	24.8		
		吊带裙	2010.06.13 21:37:28	26.8		
		连衣裙	2010.06.11 21:37:28	43		
		吊带衫	2010.06.8 21:37:27	12.8		
123000	198	牛仔七分裤	2010.06.26 22:25:35	28	1次/星期,购买量不多	生活用品、价格不稳定
		钱包、卡包、手拎包	2010.06.13 22:44:45	368		
		搓泥浴宝	2010.06.11 18:01:46	11.8		
		外套	2010.05.29 13:59:44	80		
		树脂片	2010.06.20 12:30:46	180		
		指甲刀	2010.06.19 17:58:45	8		
		单只男士耳钉	2010.06.19 17:58:35	28		

拿第一个客户 stars_625 举例,下次她再过来咨询产品信息的时候,店主就可以向她推荐价格相对较高的商品,在她想要购买的商品之外还可以向她推荐一些时尚用品和情侣用品之类的商品,也许她都会一并笑纳。而对于第二个客户小叮当来说,最好是推荐一些价格较低的商品,但是可以经常向她推荐新品,相信她是禁不住时尚新品的诱惑的。

3. 做好客户的细分

对客户进行分析之后,找到每个客户的特色,我们就可以将具有相同特色的客户归为一种客户类型。如果这种类型还有更细致的区分的话,我们还可以进行二次细分。这样我们就可以为不同等级的客户提供差异化的服务。例如:普通客户、高级客户、VIP 客户、SVIP 客户,用享受不同的折扣、对应不用的快递公司等措施使不同级别的客户享受不同档次的服务,使等级越高的客户和店铺的粘性越高,体验度越好。

二、做好售后跟踪服务

对于网络店铺来说,一个店铺订单发出去了,应该马上转到售后服务部,给客户发条短信告知货物已发出,对于已经建立起呼叫中心的卖家来说,就打电话通知客户,并告知一些签收的事项,对于超出预算时间还没发到的订单,第一时间跟踪订单信息并通知客户。这样,客户在收到货物的时候,就会觉得很温馨,感觉店家很用心地在为他服务,潜意识中就会对店铺增加好感。

客户收到货后,要先询问运输中有没有损坏,商品是否满意,不要急着催促客户确认收货和付款。

待买家确认收货付款,并给予好评后,并不意味着交易的真正结束,抓住这个买家,让他成为我们的一位老顾客,并带来新的顾客群,才是我们需要努力的地方。所以,要对这位顾客进行售后回访,关注他的使用情况,让客户切实感受到售后服务的细致与周到,从而维护与顾客之间的关系。我们可以根据商品的特点制订回访计划,比如顾客买了一款化妆品,在顾客收到时做一次回访,询问其是否合心意,并告诉对方该化妆品使用的一些细节和注意事项,等顾客使用一段时间后,再做一次回访,询问对方效果怎么样,效果是不是很明显等,你的关心和亲切询问,总会给他人带来被关注和被重视的温馨感,这样一来客户体验层次无形中就被提升了。

三、做好客户关怀

对于那些老客户,我们需要花一些成本来做好客户关怀。要知道开发一个新客户的成本远远要大于维护一个老顾客的成本。我们花了那么多的时间和成本来做各种促销活动,做产品宣传广告,其实就是为了开发尽量多的新客户。如果这些客户仅仅来一次就走了,再也不回来了,那么前期的投入是不是有些不划算呢?因此,我们应该想办法留住一些老客户,使他们成为我们店铺的忠实粉丝。最好的办法就是对老客户进行客户关怀。那么如何来进行客户关怀呢?以下是一些可供参考的客户关怀的办法和建议。

1. 实行会员制度

会员制度目前已经被很多卖家所使用,虽然效果不一,但是不可否认是将新顾客变成老顾客的好方法。把买家设置为会员,以后来买东西给优惠,这样到他下次想买这个东西的时候,自然又会到我们的店里来啦!

案例分享

会员卡的诱惑

淘宝有个卖茶叶店铺,做到了五皇冠,但是好评率还能保持在100%。在他们店铺有一款宝贝很有兴趣,不是茶叶,也不是茶具,而是一张虚拟的会员卡,这张会员卡是要花30元钱买的。线下花钱办张会员卡见的多,但是在网上还要花钱办会员卡的,实在不多。

从会员的角度来说,有了这张会员卡,顾客可以直接享受会员的特殊待遇,打折、送礼统统有份,多有面子啊。

如果从店铺的角度来看呢,收益就更多了。

首先,卖会员卡可以赚一笔钱。30元一张,店主设计的是1000张,如果全卖完了,这可是30000元的纯收入啊,线下办张会员卡还要成本开支,这是显性的经济收益。

其次,会员购物直接打折,这样的话,客服省去了很多跟客户讨价还价的时间,提高了工作效率,我想会员应该不好意思在那里整天磨着客服要包邮要优惠吧,少了纷纷扰扰的讨价还价,客服的心情还会好很多,有利于身心健康。

最后,可以刺激二次、三次乃至N次消费。店铺有活动了,给客户发条信息提示一下,唤醒一下沉睡的客户。再说,花钱买的会员卡,比白送的会员卡更有价值,花了30元,客户就会想着怎么把这30元的价格差给赚回来。因此回头率就更高了。

2. 访问老顾客

想让买家变成回头客,经常联系拜访是必须的,每到节日,或者买家生日之类的特殊日子,一定要记得给买过我们东西的买家们发个信息,祝福他们节日快乐。

让他们感受到我们的真心,我们的关怀和温暖,这样他们也会把我们记在心里,到需要买东西的时候,就会自然地想起我们啦。长此以往,就建立了稳定的顾客群。

对那些不经常购买的客户我们可以发送有效信息,比如哪天打折,有什么新优惠活动等等,变着法子跟客户保持紧密的联系。有些人可能暂时不需要买东西,或者这次他选择购买了其他家的产品,只是到你这来比较一下的,但是下一次其他家缺货了,第一个想到的就会是你的店铺。

3. 放弃挑剔型客户

有些客户是挑剔型的,如果你自认为自己的产品还算可以,那么仔细分析的话不难发现,喜欢退换货的、投诉的总是那么有限的几个,那么做客户关怀时,要果断放弃这部分客户。对于过于挑剔的客户我们在与之沟通过程中本来就已经花费了很多的时间和金钱成本,所以不必再浪费太多的精力在他们身上了。

4. 区别对待重要客户

有些客户是高能客户,对你的网店有较高的忠诚度,逛店频率和购买金额都较高,那么产品目录册可以着重派发给这些客户,打折力度也可以再狠一些。

重要客户对附加值的需求远远大于对价格的需求,需要有差异化的服务体现出其和其他客户的不同。比如,旺季优先发货、所有订单包邮、节日固定短信祝福,上新之前提前通知,稀缺宝贝预订服务等。这样的优厚待遇,相信他们很难会抛弃你的店铺去别的店铺买东西了。

课 堂 讨 论

你还有其他的方法可以促进客户关怀的吗?说一说。

做好客户关怀的方式有很多,每个店家都应该花些心思来做一些别出心裁的客户关怀,让客户在你这里感受到在其他店铺里面没有感受到的关心和爱护,这样忠实客户才能越来越多。

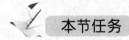 **本节任务**

任务背景

你的箱包网店实行了会员制度,制度内容如下:

- 每年会员的生日你们都会发送生日祝福短信
- 会员在生日当天购物打八折,如遇促销打折则以折扣低者为准
- 会员平常购物都是享受免费包邮服务
- 有特殊促销活动的时候也是给会员更多的优惠和折扣
- 提供优先发货的服务

今年的情人节你们店进行了促销活动,会员享受包邮和7.5折优惠(其他顾客享受8折优惠,买两个以上的商品才能享受包邮)。同时这天也是3名会员的生日。

任务要求

4人一组,一人为卖家,3人为买家。登录ECSS系统,完成模拟实训,要求:

首先,卖家要用短信为这三位会员发送生日祝福及活动通告;

其次,每位买家收到短信之后要进行购物,完成交易,交易商品和数量不限;

最后,卖家要对本次的三位会员的交易历史记录在excel表中进行记录,并进行分析,找出他们购物的特点。

完成之后,教师选出一些案例来进行点评,指出模拟中存在的问题及优缺点。

课后思考与练习

1. 名词解释

客户关系管理　客户关怀　客户分析　客户细分　客户跟踪

2. 简答题

(1) 你认为应该怎样做好客户关系管理?举例说明。

(2) 你认为应该怎样做好客户关怀?举例说明。

(3) 你能说明为什么维护老客户比开发新客户更节省成本吗?

项目实训 儿童玩具网店客户关系的管理

☀ 实训目标

通过本次实训,能够达到以下目标:
1. 能够正确使用客户服务工具进行客户沟通;
2. 能够及时正确处理客户的咨询及投诉;
3. 能够积极处理客户的各种评价;
4. 能够对客户的信息进行管理,并对客户关系进行维护。

☀ 项目背景

这天有三个顾客来光临你的玩具店,其中顾客 A 是老顾客,一个月前刚买了一款价格不菲的玩具,顾客 B 和 C 都是新顾客,他们分别对玩具进行了咨询。咨询内容如下:

顾客 A 表示想给自己的小外甥女买一个玩具礼物,他的外甥女只有一岁,还不会说话,希望买个玩具能帮助她学习语言能力,他对价格没有要求,但是包装一定要好;

顾客 B 表示自己的儿子刚刚 3 岁,希望能买一个既好玩又能够开发智力的玩具,但是要求价格不能太高,如果价格合适他可以考虑多买一些;

顾客 C 自己看中了一款积木,但是不知道这个积木的质量有没有保证,之前他买过类似的积木,基本上一摔就坏,而且要求搭建起来不要太复杂,因为他的孩子只有两岁半。他还很关心是否送货上门的问题,因为他们家比较偏远一些。

你非常耐心地一一帮助顾客了解情况,之后每个顾客都买了自己中意的商品。顾客 A 买了一款价格较贵的有自动语言功能的玩具娃娃,顾客 B 买了 3 款不同的智力玩具,但是价格都不是很高,顾客 C 买了自己咨询的那款玩具。

一周之后，顾客 A 和 B 都给你满分好评，只有顾客 C 给了差评，他在评价中表示产品没有咨询的时候说的那么好，有一块积木颜色还有一点掉色，因此很不满意。你积极处理了三个人的评价。

之后你开始对这三个顾客进行信息整理，并分别列出了不同的客户维护方案。

☼ 实训任务

1. 登录 ECSS 系统，开设一个儿童玩具网店；
2. 用 ECSS 的网上交流工具与客户进行沟通，同时解决多个顾客的咨询和疑问；
3. 完成交易，并安排发货；
4. 三个顾客做出评价之后，按照要求对不同的客户进行评价回复，并尽量采取措施挽救差评；
5. 列出自己的三个客户的购物信息表，并对这三个客户进行分析，列出不同的针对方案。

☼ 实训安排

1. 分组，每 4 人为一个小组。
2. 每小组一人饰演店主，三人饰演顾客。
3. 两个小组在完成任务的过程中相互观察，最后相互评价，进行评分。注意在评分的过程中不要向对方小组泄露每项分数。
4. 小组拿到自己的评估结果之后，看看自己存在哪些不足，哪些是自己认可的，哪些是不认可的。对于那些不认可的地方要与对方小组进行沟通讨论。
5. 教师评选出最优秀的小组进行展示。

☼ 实训评估

实训评估表参见 p.31。

☼ 本项目知识回顾

本项目中我们主要学习了如何使用客户沟通工具与客户进行沟通,解决客户的咨询和投诉,处理客户的评价内容,以及如何对客户的信息进行记录和整理分析,如何给出合理的客户关系管理和维护的方案。

与客户进行有效的沟通是网店交易最重要的工作内容之一。无论是哪一种顾客,无论其需求是否强烈,我们都应该在一开始就积极与之沟通,了解顾客的基本信息和基本的要求,在沟通中不仅要把握客户的需求,还要积极向客户推广自己的店铺和商品,并记录客户的关键信息。在沟通的一开始,我们就应该识别客户是新客户还是老客户,是刁难客户还是忠诚的重要客户等。

因此,识别客户并针对不同的客户进行不同的沟通方案是很必要的。客户关系的管理和维护是一个很重要的模块。在本项目中只是泛泛涉及一些内容,我们应该主动寻找更多的管理客户的方法,做到更有效的客户关系管理和维护。无论是线上还是线下的交易,顾客永远是第一位的,培养忠诚的老客户是重中之重。

营销可以帮助我们吸引很多新顾客,但是客户服务却是将这些顾客紧紧留在我们这里,使他们成为我们的忠诚顾客的唯一策略。你都学会了吗?通过本项目的学习,你有哪些心得体会?

_____

_____

参考文献

[1] 淘宝大学. 网店推广店铺内功[M]. 北京:电子工业出版社,2012.

[2] 淘宝大学. 网店客服[M]. 北京:电子工业出版社,2011.

[3] 淘宝大学. 网店推广核心工具[M]. 北京:电子工业出版社,2012.

[4] 葛存山. 淘宝店铺设计装修一本通[M]. 北京:人民邮电出版社,2014.

[5] 张超. 客户沟通能力教程[M]. 北京:中央广播电视大学出版社,2012.

[6] 刘春青. 电子商务技能实训教程[M]. 北京:科学出版社,2012.

[7] 王娇. 淘宝网店的四种经营模式:http://abc.wm23.com/yideo/160167.html,2012-04-04.

[8] 开网店的程序:http://www.kaitao.cn/kaidianzhinan/101164200314.htm,2010-11-06.

[9] 百度百科. 淘宝信用等级:http://baike.baidu.com/link?url=jBO2gHpqTRBvX60pKa3rD0uoRKh0wJ2PJ7XofzlH7Prw5sxcVIyWYIiaanugapxZBtoHzhgSOKHKRwqc4meoea.